风景名胜区

NATIONAL PARKS OF CHINA

（上）

住房和城乡建设部风景名胜区管理办公室　编著

Administrative Office of National Park,
Ministry of Housing and Urban-Rural Development P. R. China

中国建筑工业出版社

序 • PREFACE

风景名胜区是国家依法设立的具有观赏、文化或科学价值的保护区域，与自然保护区、文物保护单位、历史文化名城并列为国家法定遗产保护地。我国的风景名胜区与国际上的国家公园相对应，同时又有着鲜明的中国特色，凝结了大自然亿万年的神奇造化，承载着华夏文明五千年的丰厚积淀，是中华民族薪火相传的共同财富，被誉为天然博物馆。

1982年，国家正式建立风景名胜区制度。30年来，我国风景名胜区事业不断发展壮大，已经形成了覆盖全国的风景名胜区体系，为我国自然和文化遗产的保护与传承作出了重要贡献。截至目前，国务院共批准设立国家级风景名胜区225处，面积约10.36万平方公里；各省级人民政府批准共设立省级风景名胜区737处，面积约9.01万平方公里，两者总面积约19.37万平方公里。这些风景名胜区基本覆盖了我国各类地理区域，占我国陆地总面积的比例由1982年的0.2%提高到目前的2.02%。特别需要指出的是，我国的风景名胜区在世界上也具有非常重要的地位，为世界遗产事业发展作出了突出贡献。我国现有43处世界遗产地中，共涉及国家级风景名胜区32处、省级风景名胜区8处。

30年来，风景名胜区坚持资源保护、旅游发展与民生发展相结合，发挥了良好的生态、社会、经济效益，在拉动旅游经济发展、开展科研科普教育、弘扬中华民族文化、丰富群众文化生活、改善城乡人居环境、维护国家生态安全、促进社会和谐发展等方面发挥了重要作用。

保护珍贵的自然和文化遗产，已经成为人类社会的共识。把风景名胜区保护好、利用好、管理好，实现永续利用、永世留传，是当代人对历史、对社会、对子孙后代的应尽责任。值此事业而立之年，编辑出版《风景名胜区》一书，以图文并茂的形式对我国国家级风景名胜区进行系统展示和介绍，有助于公众全面了解国家级风景名胜区的发展概况和成就，正确认识风景名胜区的价值和作用，提高保护风景名胜区资源和生态环境的意识，推进我国风景名胜区事业持续健康发展，为建设生态文明和美丽中国发挥积极作用。

谨为序。

住房和城乡建设部副部长

2012年11月27日

前言 • FOREWORD

中国风景名胜区事业经过30多年的发展，已形成覆盖全国的风景名胜区体系，在保护自然和文化遗产、服务公众旅游休闲和文化需求、提升国家对外形象等方面发挥了重要作用，是建设生态文明和美丽中国的重要体现。风景名胜区与国际上的国家公园相对应，同时又有着鲜明的中国特色。为加强国家风景名胜区事业的公益宣传，使公众全面了解风景名胜区事业的发展成就，深化风景名胜区与国外国家公园的交流，我们决定编辑出版《风景名胜区》一书，以图文并茂的形式对目前全国225处国家级风景名胜区的区域分布、景观特色、资源价值等方面进行系统介绍和展示。

本书编辑工作起始于2011年3月，完成于2013年年初，历经2年时间。本书的编辑出版得到了各省、自治区、直辖市建设行政主管部门、各国家级风景名胜区管理机构及有关图片摄影者的大力支持，得到了住房和城乡建设部城乡规划管理中心、北京大学世界遗产研究中心、城市建设研究院、中国风景名胜区协会、清华同衡规划设计院媒体中心和中国建筑工业出版社的大力协助，特表示衷心的感谢。编辑出版涵盖全部国家级风景名胜区的大型书籍在我国尚属首次，涉及大量的图片征集、文字撰写、版面设计等工作，为提高画册质量，我们对图片收集与质量、文字撰写与校对等工作进行了认真反复的协调与复核，但由于时间和精力所限，在图片、文字等方面难免存在疏漏和不当之处，敬请读者谅解并指正。

特别需要指出的是，本书在编辑过程中，我们本着充分保障图片作者合法权益、尊重作者知识产权的态度，认真反复校核作者信息，并协调风景名胜区管理机构相关同志对照片作者信息、使用权协议签署等方面进行多次校核、确认和联系，但由于涉及的图片作者数量很大，衔接环节很多，因此，画册作者或提供者信息标注、协议签署等方面可能会存在一些工作疏漏或失误之处，敬请作者谅解。发现的相关疏漏或错误，作者可直接告知风景名胜区管理机构、出版社或者我们，我们将采取适当措施予以改正，并维护作者合法权益。

编者

2012年11月27日

北京市
Beijing Municipality

天津市
Tianjin Municipality

河北省
Hebei Province

山西省
Shanxi Province

目录·
CONTENTS

内蒙古自治区
Inner Mongolia Autonomous Region

辽宁省
Liaoning Province

吉林省
Jilin Province

黑龙江省
HeiLongjiang Province

江苏省
Jiangsu Province

浙江省
Zhejiang Province

安徽省
Anhui Province

福建省
Fujian Province

江西省
Jiangxi Province

山东省
Shandong Province

河南省
Henan Province

不到长城非好汉。

——毛泽东《清平乐·六盘山》

摄影/陆军

北京市

Beijing Municipality

八达岭—十三陵风景名胜区

石花洞风景名胜区

Badaling and Imperial Tombs of the Ming Dynasty National Scenic and Historic Area

Shihua Cave National Scenic and Historic Area

八达岭—十三陵

风景名胜区 ·京

Badaling and Imperial Tombs of the Ming Dynasty

北京市 Beijing Municipality

概述

八达岭—十三陵风景名胜区位于北京市延庆县和昌平区，总面积326.37平方公里，是以军都山地的花岗岩峰林地貌为背景，以长城的八达岭段和明朝皇家陵寝为主要景观的纪念地类、陵寝类风景区。其中心位置的地理坐标为40° 18′ N，116° 06′ E。

1982年被国务院批准为国家级风景名胜区。

1987年长城被列入《世界遗产名录》。2003年明十三陵作为“明清皇家陵寝”的重要组成部分列入《世界遗产名录》。

Badaling and Imperial Tombs of the Ming Dynasty National Scenic an Historic Area is in Yanqing County and Changping District Beijing City, covering the area of 326.37 square kilometers. It belongs to the type of Memorial Places and Emperor and Notable Tombs. Its outstanding features are Badaling Great Wall and Emperor Tombs of Ming Dynasty with the background of granite peak forest landform of Jundu Mountain. Its central longitude and latitude is 40° 18′ N and 116° 06′ E.

It was established in 1982 with the approval of the State Council of China.

Badaling was listed as the World Heritage site by UNESCO in 1987 and Imperial Tombs of the Ming Dynasty were listed in 2003.

摄影/宋举浦

摄影/李明忠

八达岭长城风景区供图

风景特点

八达岭—十三陵风景名胜区有两处世界文化遗产：长城与自然山体沟谷和城堡融为一体而形成的古代军事防御体系；明十三陵的建筑物、水系、背景山体及开敞空间等形成人文与自然完美结合的文化景观。景区风景特点可概括为长城雄关、皇家陵寝；山水相依，世界瑰宝。

资源价值

风景名胜区内绝大部分属燕山山脉的军都山地，为花岗岩峰林地貌。地势西北高、东南低，最高处在八达岭附近，海拔为 1078 米，最低处在南端，海拔为 105 米。

长城是我国古代一项极为雄伟的防御建筑工程。它东、西，南、北纵横交错，绵延起伏于祖国辽阔的土地上，人称“万里长城”。其气势的雄伟、工程的艰巨、历史的悠久，在世界上也是罕见的，早已被列为世界七大奇迹之一。八达岭是万里长城的重要隘口——居庸关的外口，又称北关或北口。八达岭山势险峻，长城依山而筑、居高临下、工程浩瀚、气势雄伟。八达岭长城是国内外旅游者来北京必到的胜地。

十三陵是明代 13 个皇帝的陵墓所在地，是第一批全国重点文物保护单位。陵墓群的建设集中完整，在中国历代皇陵中无一能与之相比。陵的形制承前启后，在中国帝王陵的形制中是最完整的，是全国唯一保护完好而未被盗掘过的陵墓群。同时，定陵又是全国唯一正式发掘的皇陵，出土文物保护完好，陵的地上

摄影／牛跃新

摄影／牛跃新

和地下皆可整体供人们参观和研究。因此，明十三陵可以说是中国帝王陵墓的代表，具有很高的历史、科学价值。

八达岭一十三陵风景名胜区还有众多的文物古迹，它们大多尚未开发利用。其中国家级重点文物保护单位有居庸关云台、银山塔林，市级文物保护单位有詹天佑铜像及墓，县级文物保护单位有虎峪古城、岔道城、石佛寺石佛、石佛洞、天险石刻、分界碑，还有关沟诸景、沟崖寺庙遗址及残碑等也都具有文物保护价值和旅游观赏价值。

风景区内共有古树名木 4556 棵，其中树龄 400 年以上、胸径 60 厘米以上的一级树 1260 棵，还有 90 种国家级和市级保护野生动物。

特色主题

明十三陵均依山而筑，形成了体系完整、规模宏大、气势磅礴的陵寝建筑群。明代术士认为，这里是"风水"胜境，绝佳"吉壤"。因此，被明朝选为营建皇陵的"万年寿域"。该陵园建于 1409 ~ 1644 年，是中国乃至世界现存规模最大、帝后陵寝最多的一处皇陵建筑群。（摄影／牛跃新）

概述

石花洞风景名胜区位于北京市，总面积为84.66平方公里，是以天然形成的石花和多层多支的溶洞为主要景观的岩洞类风景区，其中心位置的地理坐标为39° 50' N，115° 40' E。

2002年被国务院批准为国家级风景名胜区。

Shihua Cave National Scenic and Historic Area is in Beijing City, covering the area of 84.66 square kilometers. It belongs to the type of Caves. Its outstanding features are natural stone flowers and multilayer karst caves.Its central longitude and latitude is 39° 55' N and 115° 40' E.

It was established in 2002 with the approval of the State Council of China.

风景特点

石花洞风景名胜区是以石花洞为代表的岩溶洞穴地貌及万佛堂等文物古迹构成的自然—人文—地域综合体，以天然形成的石花而得名。

资源价值

石花洞风景名胜区具有很高的科学、审美和启智价值。石花洞的总体特征是洞体多层多支，从上到下共8层，每层景观各不相同，石花形式繁多，数量庞大，为国内洞穴之最，被誉为“北京的地下明珠”。其中，由月奶石形成的“石莲花”，由540余片石钟乳组成的高10米、长18米的石幔以及石旗、双彩石盾、龙宫双柱等景观都是中外洞穴岩溶景观精品。

风景名胜区内人文景观相当丰富，大多分布在大石河沿岸，其中属全国重点文物保护单

摄影/管志龙

石花洞

风·景
名胜区

京

Shihua Cave

位的，有建在孔水洞口的著名的无梁建筑万佛堂大殿，建在河北庄大泉上部的具有500多年历史的朝鲜式庙宇铁瓦寺和建在黑龙关泉群黑龙潭上部的雍正年间修建的龙王庙。万佛堂孔水洞的“万菩萨法会图”是北京唯一的唐代石刻浮雕壁画，堪称石雕艺术的典范；唐人洞内镶嵌于石笋内的古人题字乃人类洞穴活动之见证，具有极高的美学观赏价值和科研价值。

摄影/管志龙

摄影／盘山风景区供图

早知有盘山，何必下江南。

——清·乾隆

天津市
Tianjin Municipality

盘山风景名胜区

Mount Pan National Scenic and Historic Area

Mount Pan

盘山

风景名胜区

天津市 Tianjin Municipality

概述

盘山风景名胜区位于天津市，总面积 110 平方公里，是以花岗岩山岳景观为主要景观的山岳类风景区。其中心位置的地理坐标为 40° 05′ N，117° 16′ E。年均降雨量 800 毫米，年均气温 11.4 摄氏度。

1994 年被国务院批准为国家级风景名胜区。

Mount Pan National Scenic and Historic Area is in Tianjin City, covering the area of 110 square kilometers. It belongs to the type of Mountains. Its outstanding features are granite mountains. Its central longitude and latitude is 40° 05′ N and 117° 16′ E. The average yearly precipitation of the park is 800 mm, and the mean yearly temperature is 11.4℃ .

It was established in 1994 with the approval of the State Council of China.

风景特点

盘山风景名胜区以山岳景观为主体，以松、石、水等自然景观及悠久的历史人文景观为特色。

盘山属燕山山脉南部分支山系，由北部的盘山、小盘山、九华峰、五名山、五盆沟山地及南部平原组成，海拔高度一般在 400 ~ 600 米。盘山南北为截然不同的两种地形，南侧是一望无垠的平原，北侧是连绵起伏的群山。由于岩石组级垂直节理发育，盘山具有典型的“球状风化”特点，故形成奇峰林立、怪石嵯峨的独特景观。

盘山景区动植物种类繁多，生态环境良好，

有多种国家一级保护动植物。

盘山始记于汉，兴于唐，极盛于清。历史上建有72座寺庙和13座玲珑宝塔，一座皇家园林——静寄山庄，早在唐代就以“东五台山”著称佛界，清康熙年间以“京东第一山”驰名中外，民国初年盘山同泰山、西湖、故宫等并列为中国十五大名胜之一。

盘山为历代帝王将相、文人墨客的竞游之地，魏武帝曹操、唐太宗、辽太宗、金世宗，直到清代的康熙、乾隆、嘉庆、道光等，都曾巡游盘山，并留下了大量的诗文、石刻、碑记，成为盘山文化史上的重要篇章。

盘山风景区供图

特色主题

天成寺又名天成福善寺，也称“天成法界”。《天成寺诗序》云：“寺门有楼，下瞰山麓，如深巷屈曲，涧泉苔石，历历可数。远眺林峦攒簇，天成画图。或曰，盘山图经称四正山，四山回合，天然城郭，故旧有天城之名。”后来，改“城”为“成”，取“天成图画”之意。（盘山风景区供图）

摄影/杨彦波

摄影／陈宝森

幽蓟东来第一关，
襟连沧海枕青山。

——明・朱元璋《山海关》

河北省 Hebei Province

承德避暑山庄外八庙风景名胜区
秦皇岛北戴河风景名胜区
野三坡风景名胜区
苍岩山风景名胜区
嶂石岩风景名胜区
西柏坡—天桂山风景名胜区
崆山白云洞风景名胜区
响堂山风景名胜区
娲皇宫风景名胜区
太行大峡谷风景名胜区

Chengde Mountain Resort and Its Outlying Temples National Scenic and Historic Area
Qinhuangdao Beidaihai National Scenic and Historic Area
Yesanpo National Scenic and Historic Area
Mount Cangyan National Scenic and Historic Area
Zhangshiyan National Scenic and Historic Area
Xibaipo and Mount Tiangui National Scenic and Historic Area
Mount Kong and Cave Baiyun National Scenic and Historic Area
Mount Xiangtang National Scenic and Historic Area
Wahuang Palace National Scenic and Historic Area
Taihang Canyon National Scenic and Historic Area

承德避暑山庄外八庙

Chengde Mountain Resort and Its Outlying Temples

风景·名胜区

摄影／陈宝森

概述

承德避暑山庄外八庙风景名胜区位于河北省承德市，总面积为1005.6平方公里，是以融合汉藏民族建筑艺术的寺庙群和清朝皇家园林为主要景观的城市风景类风景区。其中心位置的地理坐标为40° 59′ N，117° 56′ E。年均降雨量536毫米，年均气温5.6摄氏度。

1982年被国务院批准为国家级风景名胜区。

1994年被联合国教科文组织列入《世界遗产名录》。

Chengde Mountain Resort and its Outlying Temples National Scenic and Historic Area is in Chengde City, Hebei Province, covering the area of 1005.6 square kilometers. It belongs to the type of Urban Landscape. Its outstanding features are temples of combined style of Han&Zang and royal palaces of Qing Dynasty. Its central longitude and latitude is 40° 59′ N and 117° 56′ E..The average yearly precipitation of the park is 536 mm, and the mean yearly temperature is 5.6 ℃ .

It was established in 1982 with the approval of the State Council of China and listed as the World Heritage site by UNESCO in 1994.

风景特点

承德避暑山庄建筑风格各异的庙宇和皇家园林同周围的湖泊、牧场和森林巧妙地融为一体。承德境内的山峦，属丹霞地貌，奇峰异石自然天成，形成独特的磬锤峰、罗汉山、天桥山、双塔山等十大景观。

摄影／陈宝森

资源价值

承德避暑山庄，是清朝皇帝为了实现安抚、团结中国边疆少数民族而修建的夏季行宫，修建于 1703 ~ 1792 年，是由众多的宫殿以及其他处理政务、举行仪式的建筑构成的一个庞大的建筑群。承德因此成为中国清朝的第二个政治中心。

避暑山庄不仅保留着中国封建社会发展末期罕见的历史遗迹，而且还具有极高的美学价值。避暑山庄周围 12 座风格各异的寺庙中的 8 座由清政府直接管理，故被称为“外八庙”，名称分别为：溥仁寺、溥善寺（已毁）、普乐寺、安远庙、普宁寺、须弥福寺之庙、普陀宗乘之庙、殊像寺。外八庙以汉式宫殿建筑为基调，吸收了蒙、藏、维等民族建筑艺术特征，创造了中国融合各家的寺庙建筑风格。这些庙宇按照建筑风格可分为藏式寺庙、汉式寺庙和汉藏结合式寺庙三种，融合了汉、藏等民族建筑艺术的精华，气势宏伟，极具皇家风范。

风景区动植物丰富，列入国家保护的植物有 7 科 10 属 21 种，列入国家保护的动物有 40 种。

特色主题

关帝庙俗称武庙，位于避暑山庄丽正门西南侧宫墙外 20 米处，始建于清雍正十年（1732 年），是中国唯一的皇家关帝庙。关帝庙曾于乾隆二十五年扩建两侧跨院，乾隆四十三年重修，形成最后的格局，使这座寺庙更加符合皇家寺庙的建筑规模和等级。（摄影／陈宝森）

摄影／陈宝森

秦皇岛北戴河

Qinhuangdao Beidaihai

风景名胜区

概述

秦皇岛北戴河风景名胜区位于河北省秦皇岛市，总面积为365.97平方公里，是以长城古迹、燕山风光和海滨为主要景观的海滨海岛类风景区。其中心位置的地理坐标为39° 49′ N，119° 27′ E。年均降雨量687毫米，年均气温12.1摄氏度，1月和7月平均温度分别为－6摄氏度和24.5摄氏度，属温带大陆性气候区。

1982年被国务院批准为国家级风景名胜区。

Qinhuangdao Beidaihe National Scenic and Historic Area is in Qinhuangdao City, Hebei Province covering the area of 365.97 square kilometers. It belongs to the type of Seashores and Islands. Its outstanding feature is seashore scenery integrated with an ancient pass of the Great Wall and Yan Mountain. Its central longitude and latitude is 39° 49′ N and 119° 27′ E. The average yearly precipitation of the park is 687 mm, and the mean yearly temperature is 12.1 ℃ .

It was established in 1982 with the approval of the State Council of China.

风景特点与资源价值

秦皇岛北戴河风景名胜区以海湾沙滩、历史名胜、长城古迹为景观特色，融山、海、关和历史古迹于一体。秦皇岛北倚燕山，南临渤海，北部为燕山山脉东段，南部为华北平原北端的滨海冲积平原。

北戴河人文景观甚多。山海关，又称“榆关”，在 1990 年以前被认为是明长城的东端起点，素有“天下第一关”之称。与万里之外的“天下第一雄关”——嘉峪关遥相呼应，闻名天下。秦行宫遗址是公元前 215 年秦始皇东临“碣石”所在地，与绥中墙子里（即石碑地）

摄影 / 宋举浦

摄影 / 赵文博

摄影/付旭

同类遗存一样，为秦始皇东巡的行宫遗址。观音寺又名“广华寺”，始建于明末清初，是秦皇岛市现存完整的佛教寺院之一。

秦皇岛市山区植被完好，有广阔林区。主要树种有油松、华北落叶松、侧柏、栎树、山杨等 20 余种。秦皇岛是迁徙动物途经地与停留地，尤其是候鸟迁徙的必经地，动物资源比较丰富，共有陆栖脊椎动物 4 纲 29 目 85 科 417 种，其中候鸟有 369 种，被誉为世界“四大观鸟基地”之一。列入国家一类保护的鸟类有白鹳、白鹤、金雕、丹顶鹤等 7 种，国家二类保护鸟类 54 种，省级保护鸟类 28 种；其他省级保护动物 6 种。

特色主题

“天下第一关”即举世闻名的历史古城山海关，又称“榆关”，以古渝水而得名，位于河北省最东部与辽宁省接壤处，秦皇岛市山海关区境内，燕山与渤海之间，在 1990 年以前被认为是明长城的东端起点，素有“天下第一关”之称。与万里之外的“天下第一雄关”——嘉峪关遥相呼应，闻名天下。(摄影／周红)

摄影/付旭

野三坡

风景名胜区

Yesanpo

河北省 Hebei Province

概述

野三坡风景名胜区位于河北省保定市，总面积为498.5平方公里，是以幽奇秀险的构造——冲蚀漳谷、花岗岩构造瀑布、峡谷为主要景观的山岳类风景区。其中心位置的地理坐标为39° 48' N，115° 23' E。

1988年被国务院批准为国家级风景名胜区。

Yesanpo National Scenic and Historic Area is in Baoding City, Hebei Province, covering the area of 498.5 square kilometers. It belongs to the type of Mountains. Its outstanding features are fantastic scenery of tectonic and erosive valley integrated with waterfalls and caves.Its central longitude and latitude is 39° 48' N and 115° 23' E.

It was established in 1988 with the approval of the State Council of China.

风景特点

野三坡风景名胜区以生态文化、历史文化、地方民俗文化为内涵，以“野”、“奇”、“幽”、“雄”、“险”、“秀”为景观特色。

野三坡风景区供图

资源价值

野三坡位于太行山脉与燕山山脉连接处，拥有独具特色的地貌景观。风景区内乔木、灌木种类繁多，野生动植物资源丰富。地被植物丰富，覆盖率达 95%。

野三坡风景名胜区内有明代大龙门城堡、蔡村庵长城和华北地区最大的金、明、清历代摩崖石刻群。其中，“万仞天关”、“千峰拱立”字体高 2.15 米，笔力遒劲有力，蔚为壮观。此外，还有风格别致的古建筑清禅寺。

野三坡风景区供图

苍岩山

Mount Cangyan

风景•名胜区

概述

苍岩山风景名胜区位于河北省石家庄市，总面积为63平方公里，是以雄奇的苍岩山景观和福庆寺-桥楼殿古建筑群为主要景观的山岳类风景区。其中心位置的地理坐标为37° 48' N，114° 07' E。

1988年被国务院批准为国家级风景名胜区。

Mount Cangyan National Scenic and Historic Area is in Shijiazhuang city, Hebei Province, covering the area of 63 square kilometers. It belongs to the type of Mountains. Its outstanding features are fantastic scenery of Mount Cangyan and ancient buildings such as Fuqing Temple and Qiaolou Palace. Its central longitude and latitude is 37° 48' N and 114° 07' E.

It was established in 1988 with the approval of the State Council of China.

风景特点

苍岩山风景名胜区以山雄、谷幽、林秀、楼绝为特色，以福庆寺—桥楼殿古建筑群与雄奇的自然环境相结合为主体景观，景区内断壁悬崖，古柏横空，重林蔽谷，景色奇险幽美。

摄影 / 李辉

资源价值

苍岩山风景名胜区内群山逶迤、沟谷纵横，景区内各类植物种类达 100 科 600 余种。

福庆寺建于 1400 年前的隋代初期，因悠久的历史和卓越的建筑艺术而具有奇异壮观的人文之美，享有“五岳奇秀揽一山，太行群峰唯苍岩”之美誉。

桥楼殿是苍岩山最有名的一座建筑，是我国三大悬空寺之一，也是我国古代建筑的杰作。它飞架于危岩绝壁之间，下临深渊，上结悬崖，天景人艺融为一体，充分反映了我国古代能工巧匠的丰富想象力和高超技艺。

摄影 / 李辉

摄影 / 李辉

嶂石岩

名胜区
风·景

Zhangshiyan

河北省 Hebei Province

摄影／王兴国

摄影／王吉朝

概述

嶂石岩风景名胜区位于河北省石家庄市，总面积为120平方公里，是以嶂石岩地貌和庙宇、碑林为主要景观的山岳类风景区。其中心位置的地理坐标为37° 32' N，114° 07' E。

1994年被国务院批准为国家级风景名胜区。

Zhangshiyan National Scenic and Historic Area is in Shijiazhuang City, Hebei Province covering the area of 120 square kilometers. It belongs to the type of Mountains. Its outstanding feature is Zhangshiyan sandstone landform integrated with ancient temples and forest of steles. Its central longitude and latitude is 37° 32' N and 114° 07' E.

It was established in 1994 with the approval of the State Council of China.

风景特点

嶂石岩风景名胜区的主要风景特色为“丹崖、碧岭、奇峰、幽谷”，其五大特点为：丹壁长墙延续不断，阶梯状陡崖贯穿全境，“Ω”形嶂谷相连成套，棱角分明的块状结构，垂直沟缝自始至终。

资源价值

嶂石岩风景名胜区的主要自然景点有嶂岩三叠、九女峰、一线天、三秀峡、淮泉峪、乳泉洞、大天梯，人文景观有淮泉寺、玉皇庙暨千佛塔、大王台等。风景区中部的著名景点回音壁高 110 米，弧长 300 余米，弧度 255 度，是全世界最大的天然回音壁，现已载入吉尼斯纪录。

槐泉寺和圆通寺分别为唐、元时兴建。抗日战争时期，这里是冀西军分区司令部所在地，前国防部长秦基伟，著名将军张蕴钰曾在此作战，现有将军碑亭。1999 年建成的澳门回归长城纪念碑林为全国规模最大的碑林。

西柏坡—天桂山

名胜区·风景

Xibaipo and Mount Tiangui

河北省 Hebei Province

概述

西柏坡—天桂山风景名胜区位于河北省石家庄市，总面积为255.91平方公里，是以西柏坡革命圣地，中共中央旧址，毛泽东、周恩来等同志旧居为主要景观的纪念地类风景区。其中心位置的地理坐标为38° 20' N，113° 56' E。

2002年被国务院批准为国家级风景名胜区。

Xibaipo and Mount Tiangui National Scenic and Historic Area is in Shijiazhuang City, Hebei Procince covering the area of 255.91 square kilometers. It belongs to the type of Memorial Places. Its outstanding feature is sacred site of Chinese revolution with the former residence of Chairman Mao and other contemporary leaders. Its central longitude and latitude is 38° 20' N and 113° 56' E.

It was established in 2002 with the approval of the State Council of China.

风景特点与资源价值

西柏坡—天桂山风景名胜区以革命圣地、红色旅游为先导，集山、洞、庙宇为一体，同时具有较高的历史文化价值。

天桂山是历史文化名山，山上青龙观道院是我国唯一政教合一的古建筑群。雕刻于悬崖峭壁上的世界第一大“归”字，高 97.71 米，宽 49.10 米，已被列入世界吉尼斯纪录。

景区内动植物资源丰富，有国家一级重点保护动物金雕和黑鹳。

摄影／李灵巧

毛泽东同志办公室

崆山白云洞

Mount Kong and Cave Baiyun

风景名胜区

河北省 Hebei Province

崆山白云洞风景区供图

崆山白云洞风景区供图

概述

崆山白云洞风景名胜区位于河北省邢台市，总面积为161.2平方公里，是以喀斯特溶洞和嶂石岩地貌为主要景观的岩洞类风景区。其中心位置的地理坐标为37° 27′ N，114° 26′ E。

2002年被国务院批准为国家级风景名胜区。

Mount Kong and Cave Baiyun National Scenic and Historic Area is in Xingtai City, Hebei Province, covering the area of 161.2 square kilometers. It belongs to the type of Caves. Its outstanding features are karst caves and Zhangshiyan sandstone landscape. Its central longitude and latitude is 37° 27′ N and 114° 26′ E.

It was established in 2002 with the approval of the State Council of China.

风景特点

崆山白云洞风景名胜区以我国北方最具代表性的喀斯特岩溶洞穴和嶂石岩地貌为特色，素有“地下溶岩博物馆”和“喀斯特风景洞穴世博园”的美誉。

资源价值

崆山白云洞五个连环套接洞厅五重天地，洞穴空间4000余平方米，游线全长3000多米，奇绝景观200多处。洞内景点奇、险、深、幽，最具“北方溶洞代表性”；岩溶造型齐全，有南国溶洞所有，更有南国溶洞所无，一洞囊括天下溶洞之奇观；崆山山脊的古溶洞石笋基群堪称“世界奇观”。

景区所在的临城县文化遗迹颇多，有仰韶文化遗址、龙山文化遗址、商周文化遗址、春秋时期晋临邑城遗址和汉代柏畅城遗址；隋唐时代的瓷窑遗址为全国重点文物保护单位；建于宋代的普利寺塔，建于明代的护城古堤和息波亭，还有竹壁村民陈氏三代人跨明清接力60年修筑的三叉两孔蛤蟆桥，至今保存完好。

响堂山 风·景 名胜区 Mount Xiangtang

概述

响堂山风景名胜区位于河北省邯郸市，总面积34.5平方公里，是反映北齐佛教造像艺术的壁画石窟类风景名胜区。其中心位置的地理坐标为36° 31' N，114° 08' E。

2012年被国务院批准为国家级风景名胜区。

Mount Xiangtang National Scenic and Historic Area is in Handan City, Hebei Province, covering the area of 34.5 square kilometers. It belongs to the type of Grottos and Murals. Its outstanding features are Buddhist grottos of Beiqi Dynasty. Its central longitude and latitude is 36° 31' N and 114° 08' E.

It was established in 2012 with the approval of the State Council of China.

风景特点与资源价值

响堂山石窟主要代表了北齐的佛教造像艺术。造像基于北方文化特色，写实而贴近生活，为隋唐现实主义风格的形成奠定了基础，被学术界称为“响堂模式”。

响堂山石窟将帝陵与佛教石窟融为一体的形制，在中国历史上实属首创。

窟廊檐额上雕五铺作双抄偷心造斗，是石窟建筑中仅有的一例，是研究北朝建筑难得的实物资料。

响堂山风景区供图

娲皇宫

Wahuang Palace

风景名胜区

摄影／温双和

概述

娲皇宫风景名胜区位于河北省邯郸市，总面积132平方公里，是以娲皇阁、摩崖石刻和抗日战争革命旧址为主要景观的纪念地类风景名胜区。其中心位置的地理坐标为36° 39' N，113° 43' E。

2012年被国务院批准为国家级风景名胜区。

Wahuang Palace National Scenic and Historic Area is in Handan City, Hebei Province, covering the area of 132 square kilometers. It belongs to the type of Memorial Places. Its outstanding features are Wahuang Palace and sacred site of Chinese revolution. Its central longitude and latitude is 36° 39' N and 113° 43' E.

It was established in 2012 with the approval of the State Council of China.

风景特点与资源价值

娲皇宫风景名胜区内山峰奇秀，松柏苍翠，名胜史迹众多，其中娲皇宫是我国最大、最早的奉祀上古天神女娲氏的古代建筑，天然独特，巧夺天工。共有五处摩崖刻经，是我国现存摩崖刻经中时代最早、字数最多的一处，娲皇宫摩崖刻经被誉为“天下第一壁经群”。

抗战时期，110多个党、政、军、财、文等机关单位长期驻扎在涉县，留下了很多革命旧址，如一二九师司令部旧址和故居保存完整。

太行大峡谷

Taihang Canyon

名胜区
风·景区

河北省 Hebei Province

概述

太行大峡谷风景名胜区位于河北省邢台市,总面积17.3平方公里，是以嶂石岩地貌峡谷群和黄巢起义历史遗迹为主要景观的山岳类风景区。其中心位置的地理坐标为37° 08' N，113° 47' E。

2012年被国务院批准为国家级风景名胜区。

Taihang Canyon National Scenic and Historic Area is in Xingtai City, Hebei Province, covering the area of 17.3 square kilometers. It belongs to the type of Mountains. Its outstanding features are group of valleys formed from

摄影/胡华

摄影/胡华

Zhangshiyan sandstone landform. Its central longitude and latitude is 37° 08′ N，113° 47′ E.

It was established in 2012 with the approval of the State Council of China.

风景特点

太行大峡谷千米以上的峡谷有 8 条之多，具有狭长、陡峻、深幽、赤红、集群的五大特点，被专家誉为“世界奇峡”。黄巢峡幽深狭长，宛如群山中的一道地堑，竹会峡松鼠嬉戏、鸟语花香，老人峡果木茂盛、枝头累累。

资源价值

太行大峡谷为红色石英砂岩构成的嶂石岩地貌，经燕山造山运动，强烈的地质构造使山体形成了皱褶，又经千万年的流水切割侵蚀，加之风力等外力沿构造裂隙的作用，最终形成峡谷、瀑布、溪流、悬崖、孤峰等山水相融的地貌景观。

风景名胜区曾是唐末黄巢义军的根据地之一，有黄巢金銮殿、银銮殿等遗址。黄巢殿与兴龙寺两处寺庙的遗址和遗迹，是深度挖掘风景名胜区文化品位的载体，具有很高的历史研究价值。

白日依山尽，黄河入海流。

——唐·王之涣《登鹳雀楼》
（鹳雀楼位于山西省永济市）

山西省
Shanxi Province

五台山风景名胜区
恒山风景名胜区
黄河壶口瀑布（山西段）风景名胜区
北武当山风景名胜区
五老峰风景名胜区
碛口风景名胜区

Mount Wutai National Scenic and Historic Area
Mount Heng National Scenic and Historic Area
Yellow River Kettle Mouth Waterfall (Shanxi Part) National Scenic and Historic Area
North Wudang National Scenic and Historic Area
Wulaofeng National Scenic and Historic Area
Qikou National Scenic and Historic Area

摄影／刘浩

五台山 Mount Wutai

风景名胜区

概述

五台山风景名胜区位于山西省忻州市，风景区总面积376平方公里，是以文殊菩萨的道场为主要景观的历史圣地类风景区，是闻名中外的佛教名山。其中心位置的地理坐标为38° 55′ N，113° 29′ E。

1982年被国务院批准为国家级风景名胜区。

2009年以“世界文化景观”列入联合国教科文组织的《世界遗产名录》。

Mount Wutai National Scenic and Historic Area is in Xinzhou City, Shanxi Province, covering the area of 376 square kilomete rs. It belongs to the type of Sacred Places. Its outstanding feature is the site of Wenshu Bodhisattva. Its central longitude and latitude is 38° 55′ N and 113° 29′ E.

It was established in 1982 with the approval of the State Council of China and listed as the World Heritage site by UNESCO in 2009.

风景特点

五台山以佛教名山闻名中外，汉明帝在此建寺。五台山山体浑圆高大，五座台顶各具特色，夷平面台顶以及冰缘地貌自然景观与佛教文化相互交融。自古以来，佛教信徒们对5座台顶的膜拜产生了盛大的“大朝台”和“小朝台”佛事活动。不同时代、不同形式的寺院建筑，构成五台山独特的佛教文化景观。寺庙最集中的地区是台怀镇，著名的寺庙有14座，其中规模最大、历史最早的是灵鹫山麓的显通寺。

资源价值

五台山目前保存有自唐代以来7个朝代的寺庙68座，其中全国重点文物保护单位13处，

摄影/宋举浦

摄影／李振鹏

摄影／宋举浦

省级文物保护单位 7 处。以南禅寺、佛光寺东大殿为代表的佛教建筑群是中国现存最早的木构建筑。五台山目前保存有自北魏以来的佛塔 150 余座，保存有自唐代以来的佛教造像 146000 余尊。佛光寺的唐代彩塑、殊像寺的明代彩塑，是五台山彩塑艺术中的杰出代表。五台山最具代表性的悬塑是殊像寺的“文殊一会五百罗汉”。

五台山目前保存有大量唐代以来的壁画，最具代表性的有佛光寺东大殿的唐代壁画和文殊殿的明代罗汉壁画。

五台山出露最完整的大陆基底构造和典型完整的早期碰撞造山带剖面，是中国东部垂直冰缘带发育最好的山地之一，同时风景区内有着丰富的动植物资源。

恒山

Mount Heng

风景名胜区

概述

恒山风景名胜区位于山西省大同市，总面积 81.61 平方公里，是以天峰岭和悬空寺为主要景观的历史圣地类风景区。其中心位置的地理坐标为 39° 40'N，113° 37'E。年均降雨量 429.4 毫米，年均气温 6.1 摄氏度。

1982 年被国务院批准为国家级风景名胜区。

Mount Heng National Scenic and Historic Area is in Datong City, Shanxi Province, covering the area of 81.61 square kilometers. It belongs to the type of Sacred Places. Its outstanding features are Tianfeng Mountain Ridge and Hanging Temple. Its central longitude and latitude is 39° 40' N and 113° 37' E.

The average yearly precipitation of the park is 429.4 mm, and the mean yearly temperature is 6.1℃. It was established in 1982 with the approval of the State Council of China.

风景特点

恒山相对高度 1000 多米，主峰海拔 2017 米，气势磅礴，仪态非凡；其西为翠屏山，东西两峰对峙，中间被一条断层切开。浑河沿断裂切割成峡谷，名为金龙峡，形势险要，是古代山西高原与华北平原之间的重要交通孔道。恒山自古为兵家必争之地，因而被誉为控关带水的"绝塞名山"。

资源价值

恒山，又名"太恒山"、"玄岳"、"紫岳"。恒山山脉位于华北陆块北部，位于山西省大同市浑源县境内，东北走向，东西绵延五百里，锦绣一百零八峰。它是大同盆地与忻州盆地的

恒山风景区供图

恒山风景区供图

天然界山，也是桑干河与滹沱河的天然分水岭。

恒山因独特的地理和文化区位成为华夏大地北部镇山，并于顺治十七年(1660年)取代原河北常山而成为“北岳”，是中华文明多元化过程的重要见证，也是历史上的兵家必争之地，突出的军事地位使北岳独具特色。

恒山还是著名的道教名山，北魏著名道士寇谦之被太武帝拓跋焘(423 ~ 452年在位)奉为天师，开创北天师道。创建于北魏后期（约为471 ~ 523年）的悬空寺面对恒山，背倚翠屏，上载危岩，下临深谷，楼阁悬空，结构巧奇，至今已有1400多年的历史，号称“塞外奇观”，显示了人类卓越的创造性才华。目前，恒山保存有悬空寺、圆觉寺砖塔、永安寺3处全国重点文物保护单位。

恒山属于华北植物地区的黄土高原植物亚地区，有国家一级重点保护植物银杏，二级重点保护植物野大豆、黄檗、翅果油树等。恒山动物资源丰富，包括国家Ⅰ级重点保护动物金钱豹、黑鹳、金雕，Ⅱ级保护动物原麝等。

特色主题

据《浑源州志》载，传法正宗殿，殿身高大，面阔五间，进深三间，单檐庑殿顶原有塑像已毁，上覆黄色琉璃瓦，堆花脊饰。殿内明间梁架间雕的天宫楼阁和天花藻井，为元代遗构，在山西省内尚属罕见。整个大殿，采用我国传统的木骨与斗栱相结合的建筑手法，稳固庄重，风格疏朗简朴。（恒山风景区供图）

恒山风景区供图

黄河壶口瀑布（山西段）

风景名胜区

Yellow River Kettle Mouth Waterfall(Shanxi Part)

概述

黄河壶口瀑布风景名胜区涉及陕西与山西两个省份，总面积 178 平方公里，是以黄河秦晋峡谷地貌和黄土高原为背景的江河类风景区。其中心位置的地理坐标为 36° 08′ N，110° 27′ E。除了横跨两省的壶口八景之外，山西段还拥有孟门山等其他景点。

1988 年被国务院批准为国家级风景名胜区。

Yellow River Kettle Mouth Waterfall National Scenic and Historic Area involves Shaanxi Province and Shanxi Province, covering the area of 178 square kilometers. It belongs to the type of Rivers. Its outstanding features is fantastic scenery of Kettle Mouth Waterfall with the back ground of the Loess Plateau and the valley landform. Its central longitude and latitude is 36° 08′ N and 110° 27′ E. Besides the eight scenes of Kettle Mouth Waterfall across two provinces, the Shanxi part also possesses other scenery like Mount Mengmen and etc.

It was established in 1988 with the approval of the State Council of China.

风景特点

壶口瀑布因状若壶口而得名。黄河壶口瀑布风景名胜区内，黄河秦晋峡谷地貌、黄土高原以及黄河流域历史文化融为一体。壶口瀑布不同的季节、不同的时间、不同的水流有着不同的变化。

资源价值

壶口瀑布是世界上唯一的金黄色、潜伏式、移动式、四季景色各异、蕴涵丰富文化内涵的瀑布。风景区内有明代码头、同治长城、四铭碑亭、龙门飞渡等人文景观，还有唐太宗李世民征战的挂甲山，造型奇特的宋元时代的圣母殿等。

黄河壶口瀑布（山西段）风景区供图

黄河壶口瀑布（山西段）风景区供图

特色主题

冰瀑奇观平日里“湍势吼千牛”的壶口瀑布，在“冷静”中呈现出别样风情：黄河水从两岸形状各异的冰凌、层层叠叠的冰块中飞流直下，激起的水雾在阳光下映射出美丽的彩虹，瀑布下搭起美丽的冰桥，令人不禁慨叹大自然的鬼斧神工。［黄河壶口瀑布风景区（山西段）供图］

北武当山

North Wudang

名胜区

风·景

山西省 Shanxi Province

概述

北武当山风景名胜区位于山西省吕梁市，总面积 70.5 平方公里，是以道教庙观建筑群为主要景观的历史圣地类风景区。其中心位置的地理坐标为 37° 46' N，111° 21' E。

1994 年被国务院批准为国家级风景名胜区。

Mount Beiwudang National Scenic and Historic Area is in Lvliang City, Shanxi Province, covering the area of 70.5 square kilometers. It belongs to the type of Sacred Places. Its outstanding features are ancient Taoism temples. Its central longitude and latitude is 37° 46' N and 111° 21' E.

It was established in 1994 with the approval of the State Council of China.

风景特点与资源价值

北武当山风景名胜区壁峰突起，巍峨挺拔，林木葱郁，道教庙观建筑群矗立其间。

北武当山地质构造位置恰处吕梁山中段祁吕弧形构造带的转折处，今山体系由沉积岩层变质而成不同深度的变质岩系，再加上漫长岁月的风化侵蚀而成。区内动植物资源丰富，植物覆盖率达 95% 以上。北武当山是我国北方道教胜地之一，渊源悠久，其道教庙观建筑群经历了长达一千余年风雨变化而保存至今，是珍贵的文化遗存。

摄影／刘和平

摄影／刘和平

五老峰 风·景名胜区

Wulaofeng

概述

五老峰风景名胜区位于山西省永济市，总面积约 300 平方公里，是以壮美的自然风光和丰富的道家文化为主要景观的历史圣地类风景区。其中心位置的地理坐标为 34° 49′ N，110° 35′ E。

1994 年被国务院批准为国家级风景名胜区。

Wulaofeng National Scenic and Historic Area is in Yongji City, Shanxi Province, covering the area of 300 square kilometers. It belongs to the type of Sacred Places. Its outstanding features are abundant natural scenery and Taoism culture.Its central longitude and latitude is 34° 49′ N and 110° 35′ E.

It was established in 1994 with the approval of the State Council of China.

风景特点

五老峰风景名胜区是黄河文化的发祥地之一，以雄伟壮观的自然山水与丰富多彩的黄河文化史迹为景观特征。地势南浅北深，南陡北缓，地貌类型多样。

资源价值

五老峰风景名胜区属于山西高原涑水盆地（亦称运城盆地）的一部分。由于马兰期以来，涑水滞流，使古河道冲积的二级阶地下切不深，形成丘陵垣地，海拔 1400 米左右，地形起伏变化较大。风景区地貌类型多样，分属中条山区、栲栳台塬区、平川区和黄河阶地。

五老峰，是五老携《河图》、《洛书》藏经授典的隐身之所，是其研卦修行、传经布道的地方，是易学文化创元时期的传播之地、河洛文化的摇篮之地。五老峰也是我国北方道教全真派的发祥地之一。《七鉴道书》称之为“道家天下第五十二福地”，是我国北方道教文化名山。它与晋北佛教圣地五台山南北对峙，齐名天下，有“晋北拜佛五台山，晋南问道五老峰”之说；与西岳华山遥遥相对，历史上素有“东华山”之称誉。

五老峰植物资源丰富，有维管植物 100 余科

400 余属 700 余种。其中国家重点保护植物有野大豆、青檀等。药用植物有 200 多种，野生动物有 110 多种，其中兽类 20 多种，鸟类 80 多种。有国家一级保护动物金钱豹、金雕，国家二级保护动物秃鹭等。

摄影 / 周浩

摄影 / 陈春明

碛口 风景名胜区

Qikou

概述

碛口风景名胜区位于山西省吕梁市，总面积100平方公里，是以体现黄河文化的碛口古村镇、黄河沿岸水蚀浮雕、高原土柱林等风光和黄土高原地貌为主要景观的民俗风情类风景区。其中心位置的地理坐标为37° 50' N，110° 47' E。

2012年被国务院批准为国家级风景名胜区。

Qikou National Scenic and Historic Area is in Lvliang City, Shanxi Province, covering the area of 100 square kilometers. It belongs to the type of Folkways. Its outstanding features are ancient villages integrated with the Yellow River Culture.

It was established in 2012 with the approval of the State Council of China.

风景特点

碛口风景名胜区主要景观有汹涌奔腾的黄河水，惊心动魄的大同碛，麒麟沙滩，黄河天然水蚀浮雕，沟壑纵横的黄土高原地貌，形状奇特的高原土柱林，层林尽染的千亩红枣林，绝壁之巅的古村庄等。

碛口风景名胜区主要人文景观碛口古村镇，在明清至民国年间，为东西文化之枢纽，享有“九曲黄河第一镇”之美誉。

资源价值

碛口古镇曾是九曲黄河上著名的商贸重镇，是黄河文化与明清时期晋商辉煌的产物与见证。碛口居于大山深处，至今保留着质朴原始的黄河人家农耕时代的生活方式，被专家称为“活着的古镇”。充满古朴风韵的小镇以及西湾、李家山等一大批古村落，成为研究晋商

碛口风景区供图

碛口风景区供图

文化与黄河文化的物证。碛口古镇及古村落保存完好的古建筑记述了明清北方商贸发展史与建筑发展史，是研究晋商、建筑、民俗等学科的活化石。

景区内黄河黄土地质地貌，是自然地理外营力作用的生动教材，为河流地质作用科普开展提供基地，是讲述人类史以来地壳运动、古气候、古地理变化的天然课堂。

碛口风景区供图

摄影／韩天

天苍苍，野茫茫，
风吹草低见牛羊。

——北朝乐府民歌《敕勒歌》

内蒙古自治区
Inner Mongolia Autonomous Region

扎兰屯风景名胜区

Zalantun National Scenic and Historic Area

扎兰屯

风景名胜区

蒙

Zalantun

内蒙古自治区 Inner Mongolia Autonomous Region

概述

扎兰屯风景名胜区位于内蒙古自治区呼伦贝尔市南部，总面积约500余平方公里，是以火山群和天池群、森林、河流、湖泊为主要景观的具有大兴安岭风光特征的山岳类风景区。其中心位置的地理坐标为47° 45' N，121° 53' E。年均降雨量480.3毫米，年均气温2.4摄氏度。

2002年被国务院批准为国家级风景名胜区。

Zalantun National Scenic and Historic Area is in the south of Hulunbeier City, Inner Mongolia Autonomous Region, covering the area of more than 500 square kilometers. It belongs to the type of Mountains. Its outstanding feature is scenery of Great Khingan Mountains integrated with volcanos, lakes, forests and rivers. Its central longitude and latitude is 47° 45' N and 121° 53' E. The average yearly precipitation of the park is 480.3 mm, and the mean yearly temperature is 2.4 ℃.

It was established in 2002 with the approval of the State Council of China.

风景特点与资源价值

扎兰屯处于大兴安岭隆起带中段东缘，是历代北方少数民族游猎栖息之地，现存有成吉思汗金边壕、辽代古城遗址等；形成了独特的具有多元性、融合性和开放性的地域文化。景区内野生动植物丰富，其中国家一级保护动物7种。

特色主题

月亮小镇是我国唯一的高山天池群和北方唯一的玛珥湖火山地质带。传说久远以前，一群仙女被柴河的如画风光吸引而至，她们在清澈见底的水里尽兴嬉戏，上岸后对着宝镜梳妆打扮完，就拖着长长的彩裙飞走，遗忘了神奇的宝镜。一位年轻貌美的仙女飞回找寻宝镜，发现遗落的宝镜已变成一座镶嵌于山顶的天池。从此，塞外苏杭扎兰屯的柴河风景区，便有了令人惊艳的月亮天池。（摄影／吴玉）

摄影／任福生

辽宁省 Liaoning Province

鞍山千山风景名胜区
鸭绿江风景名胜区
金石滩风景名胜区
兴城海滨风景名胜区
大连海滨—旅顺口风景名胜区
凤凰山风景名胜区
本溪水洞风景名胜区
医巫闾山风景名胜区
青山沟风景名胜区

Mount Qian National Scenic and Historic Area National Scenic and Historic Area
Yalv River National Scenic and Historic Area
Jinshi Beach National Scenic and Historic Area
Xingcheng Seashore National Scenic and Historic Area
Dalian Seashore and Lushunkou National Scenic and Historic Area
Mount Fenghuang National Scenic and Historic Area
Benxi Water Cave National Scenic and Historic Area
Mount Yiwulv National Scenic and Historic Area
Qingshangou National Scenic and Historic Area

要识玉山真面目。
雪晴明月射苍崖。

——金·王寂《入千山》

摄影/厉色

辽宁省 Liaoning Province

鞍山千山

Mount Qian

名胜区
风·景

概述

鞍山千山风景名胜区位于辽宁省鞍山市，总面积72平方公里，是以近千座状似莲花的奇峰组成的千山以及藏于其间的佛道寺庙道观建筑群为主要景观的山岳类风景区。其中心位置的地理坐标为41° 1' N，123° 7' E。年均降雨量775.6毫米，年均气温8.7 摄氏度。

1982年被国务院批准为国家级风景名胜区。

Mount Qian National Scenic and Historic Area National Scenic and Historic Area is in Anshan City, Liaoning Province, covering the area of 72 square kilometers. It belongs to the type of Mountains. Its outstanding features is mountain scenery of thousands of peaks integrated with temples of Buddhaism and Taoism.Its central longitude and latitude is 41° 1' N and 123° 7' E. The average yearly precipitation is 775.6 mm, and the mean yearly temperature is 8.7 ℃.

It was established in 1982 with the approval of the State Council of China.

摄影／贺启明

摄影／贺启明

风景特点

千山是由花岗岩构成的丘陵，主峰仙人台海拔 708 米。登峰俯瞰，千山叠翠如涌浪，山峻岩峭，沟深谷窄，令人陶醉。千山外秀内奇，茂林古松之下，奇特的花岗岩地貌，处处成景。早在唐代千山就有宗教胜迹，历经金、元、明、清的建设，成了东北地区佛教和道教的中心。寺观庙宇巧妙地布置于各种自然景观环境中，为山色增辉。

资源价值

千山风景名胜区属千山山脉，是燕山期侵入花岗岩体的剥蚀低山—丘陵地貌。在第四纪冰川时期，千山属于冰川地带，现今西阁附近的“无根石”、“太极石”等巨石，都是典型的冰川遗迹。千山几百条沟岔形成 14 条小溪，地下水露头有 70 多处，在海拔 200 米以下的丘陵地貌单元内，井泉常年有水。千山还是南沙河、杨柳河发源地。

千山佛道两教同居一山，为东北佛道两教圣地。千山有道观古寺 38 座，早者始于唐，创建重修繁盛于明、清。这些寺庙都建筑在深谷或山坳中，山门、墙垣依峭壁陡崖而筑，寺庙周围花石青松环绕，优美如画。景区内还有世界上最大的天然石佛—千山弥勒大佛。

千山森林资源丰富，植物种类繁多，有蕨类植物 24 种，种子植物 838 种。在千山的自然植被中，油松比重最高，百年以上的古松有一万余株。千山还有稀少的黑头鹳和其他鸟兽等各种动物百余种。

摄影/钱程

Yalv River

辽宁省 Liaoning Province

鸭绿江

风景名胜区

概述

鸭绿江风景名胜区位于辽宁省丹东市，总面积824.2平方公里，是以历史遗迹，鸭绿江自然风光为主要景观的纪念地类风景区。其中心位置的地理坐标为40° 20' N，124° 56' E。

1988年被国务院批准为国家级风景名胜区。

Yalv River National Scenic and Historic Area is in Dandong City, Liaoning Province, covering the area of 824.2 square kilometers. It belongs to the type of Memorial Places. Its outstanding features are a historical site and the boundary river of China and Korea. Its central longitude and latitude is 40° 20' N and 124° 56' E.

It was established in 1988 with the approval of the State Council of China.

风景特点

鸭绿江，原名马訾水、益洲江，因“水如鸭头绿”而得名。鸭绿江风景区位于鸭绿江中下游段，集合山地和海积平原地貌类型。山区重峦叠嶂，碧波如镜，平原江面宽阔，与黄海相接，虎山长城雄峙江畔，鸭绿江大桥弹痕累累。

资源价值

鸭绿江流域80%以上为山地，系由许多东北—西南走向的褶皱山，经火山活动和河流切割形成，西北为长白山及其余脉千山山脉，东南为朝鲜的咸镜山及狼林山，河流受地形和

地质构造的影响，使鸭绿江沿构造发育，水流多沿隘谷、嶂谷和峡谷流动。

鸭绿江风景名胜区位于鸭绿江中下游段，是东北高、西南低的喇叭形谷地，从浑江至鸭绿江口的水位落差小于75‰，地质结构为火成岩基。水丰大坝以上为水丰水库，水面宽阔，碧波如镜，岸山多为500米以上的中山区，重峦叠嶂，山顶较尖；太平湾至水丰段为太平湾水库，水面平静，岸山连贯庞大，中等切割，峰顶较圆，山脊线平缓；虎山至太平湾间，水流分汊，江水浅缓，山体低矮，顶部圆缓，沟谷宽而浅，河流下切较弱；虎山以下，进入海积平原，山丘逐渐远退，沙洲漫布，江面更加宽阔，直至与黄海相接，平均海拔20米以下，江口一带，海拔2米以下，形成大片沼泽。

鸭绿江风景名胜区人文资源丰富，除虎山长城、鸭绿江大桥外，还有我国1.8万公里的海岸线最北端的江海分界碑和古人类洞穴遗址、原始村落遗址和现代园林建筑等。

鸭绿江风景名胜区地处长白和华北两大植物区系的过渡地带，植物种类繁多。动物中，紫貂、水獭、丹顶鹤、白天鹅、鸳鸯属稀有的珍贵动物。珍稀水产动物有池沼公鱼、鸭绿江大银鱼、细鳞鱼、泥鳅、马口鱼、鳜鱼、香鱼、罗非鱼等。

特色主题

“鸭绿江断桥”是鸭绿江上诸多桥中的第一桥，1909年8月动工，1911年10月竣工，始为铁路桥，长944.2米，宽11米，十二孔，从中方数第四孔为开闭梁，以四号墩为轴，可旋转90度，便于过往船只航行。侵朝美军多次对大桥狂轰滥炸，1950年11月，第一桥被炸毁。中方所剩四孔残桥保留至今，被称为“鸭绿江断桥”。（摄影／林文）

摄影／林文

金石滩

风景名胜区

Jinshi Beach

辽宁省 Liaoning Province

概述

金石滩风景名胜区位于辽宁省大连市，总面积90.3平方公里，是以山、海、滩、礁结合的滨海风光为主要景观的海滨海岛类风景区。其中心位置的地理坐标为39° 05' N，122° 01' E。

1988年被国务院批准为国家级风景名胜区。

Jinshi Beach National Scenic and Historic Area is in Dalian City, Liaoning Province, covering the area of 90.3 square kilometers. It belongs to Seashores and Islands. Its outstanding feature is seashore scenery integrated with mountains, sea, beach and reefs. Its central longitude and latitude is 39° 05' N and 122° 01' E.

It was established in 1988 with the approval of the State Council of China.

风景特点

金石滩以海滨风光闻名，以地质地貌与自然风光为主要特色。

在长达 30 公里的海岸线上，遍布沙滩、海湾、海港、岬角以及众多奇特的海蚀地貌，山、海、岛礁和沙滩浑然一体，形成了具有特色的滨海景观。金石滩东部海滨绵延 8 公里长的自然地质景观，素有“海上石林”、“天然地质陈列馆”和“神力雕塑公园”之称。景区内有大型海水浴场、高尔夫球场、特色主题园等。

资源价值

金石滩处于地质历史上不多见的特殊区域。其东、西、北部分布有大片山林，森林覆盖率达 37.0%，主要为暖温带针阔叶混交林，以油松、黑松、槐、各种栎属的阔叶树为代表植物。

摄影／牟学冒

摄影／邸玉伦

概述

兴城海滨风景名胜区位于辽宁省葫芦岛市兴城市，总面积47.3平方公里，是以海滨海岛风光、古战场和古城为主要景观的海滨海岛类风景区。其中心位置的地理坐标为40° 37′ N，120° 42′ E。

1988年被国务院批准为国家级风景名胜区。

Xingcheng Seashore National Scenic and Historic Area is in Xingcheng of Huludao City, Liaoning Province, covering the area of 47.3 square kilometers. It belongs to the type of Seashores and Islands. Its outstanding feature is seashore scenery integrated with ancient battleground site and ancient town. Its central longitude and latitude is 40° 37′ N and 120° 42′ E.

It was established in 1988 with the approval of the State Council of China.

风景特点

兴城东南部沿海为平原，自然形成“六山一水三分田”景观，最高峰首山海拔 330 米。景区海岸线长 14 公里，岬角与滩湾相间。另可探访古战场“宁远卫城”和磨盘山岛北段的古代遗址。

资源价值

兴城是著名古战场“宁远卫城”故址。宁远卫城是明朝边防重镇，现保存完好，是国内保留完整的四座古城池之一。觉华岛北端磨盘山岛在辽金时代曾是远近闻名的佛教胜地。岛的北端有古城遗址，是明代海运屯粮驻军之所。明天启六年（1626 年），明、后金大军曾鏖战于此。

摄影／邸玉伦

兴城海滨

Xingcheng Seashore

名胜区 风·景

兴城市的地质构造复杂，景区范围内的平原地带大部分为亚黏土和亚砂土。兴城地处兴城河入海处，距入海口约6公里，大部分地段属冲积平原，但城东有首山和来山，平地突起；距海岸12公里处有突兀于海面的觉华岛。景区占海岸线长14公里，基本分为岬角与滩湾相间的四个海湾。在风景规划区及保护范围内共有四条主要河流即兴城西河、东河、二道河、温泉河。

葫芦岛市植物区系处于华北植物区系内，有长白植物区系和内蒙古植物区系的侵入。葫芦岛市按动物地理区划，以华北为主，是华北、蒙新、东北三个动物地理区相互交错种过渡地带，处于候鸟陆路和水路两条重要的迁徙线上，是大批候鸟春秋季迁徙的“中转站”，地理位置十分重要。

大连海滨—旅顺口

Dalian Seashore and Lushunkou

辽宁省 Liaoning Province

风景名胜区

概述

大连海滨—旅顺口风景名胜区位于辽宁省大连市，总面积287.73平方公里，是以山、海、滩、礁结合的滨海风光和近代战争遗址为主要景观的海滨海岛类、纪念地类风景区。其中心位置的地理坐标为38° 47' N，121° 16' E。

1988年被国务院批准为国家级风景名胜区。

Dalian Seashore and Lvshunkou National Scenic and Historic Area is in Dalian City, Liaoning Province, covering the area of 287.73 square kilometers. It belongs to the type of Seashores and Islands and Memorial Places. Its outstanding features are seashore scenery and historical site of modern wars .Its central longitude and latitude is 38° 47' N and 121° 16' E.

It was established in 1988 with the approval of the State Council of China.

风景特点

大连海滨—旅顺口风景名胜区海滨自然风光优美，山峦起伏，山海相连，断岩绝壁，礁石林立，海面辽阔，岛屿星布。景区又以历史文化古迹、近代战争遗址闻名，有多处中日战争、日俄战争遗址。

资源价值

大连地区地形属长白山系的南延部分，千山山脉的余脉。风景区内的地貌可分为丘陵、海蚀阶地、海蚀崖洞、礁石、河口海湾、海滩、岛屿等不同类型，海滨风貌层次分明。

旅顺口有中国近代史上见证中日战争和日俄战争以及日本侵华战争的各种工事、堡垒等战争遗址多处。白玉山东麓的万忠墓，是1894 年中日甲午战争中惨遭日军屠杀的我国2 万多名死难同胞的合葬地。景区内还有著名的甘井石区汉代古墓。

风景区的主要树种有日本黑松、柞、刺槐、胡枝子等，草本植物有黄被草、石竹等，计 44 科 147 种。野生动物种类繁多，仅鸟类就达 21 目 46 科 210 余种，多为候鸟，春秋两季南北迁徙时途经此地。

摄影／程琳

摄影／李杰

凤凰山风景区供图

凤凰山

风景名胜区

Mount Fenghuang

概述

凤凰山风景名胜区位于辽宁省丹东市东南部，总面积182.98平方公里，是以险山秀水、古城遗址、古代庙宇为主要景观的山岳类风景区。其中心位置的地理坐标为40° 25' N，124° 04' E。

1994年被国务院批准为国家级风景名胜区。

Mount Fenghuang National Scenic and Historic Area is in the southeast of Dandong City, Liaoning Province, covering the area of 182.98 square kilometers. It belongs to the type of Mountains. Its outstanding features are mountain scenery integrated with ancient temples and sites of ancient city wall. Its central longitude and latitude is 40° 25' N and 124° 04' E.

It was established in 1994 with the approval of the State Council of China.

风景特点与资源价值

凤凰山风景名胜区内石灰岩广泛分布，在流水的切割作用下，形成了众多的峡谷、溶洞、天坑等典型的喀斯特地貌。景区内有明清时期苗疆边墙（中国南方城墙）遗迹。苗族人民创造的独特村寨布局、建筑风格、服饰饮食等民族文化传承至今。

凤凰山风景区供图

Benxi Water Cave

本溪水洞 风景名胜区

概述

本溪水洞风景名胜区位于辽宁省本溪市，总面积44.72平方公里，是以大型充水溶洞、古人类洞穴文化遗址为主要景观的岩洞类风景区。其中心位置的地理坐标为41° 08' N，124° 09' E。

1994年被国务院批准为国家级风景名胜区。

Benxi Water Cave National Scenic and Historic Area is in Benxi City, Liaoning Province, covering the area of 44.72 square kilometers. It belongs to the type of Caves. Its outstanding feature is large-scale water cave integrated with site of ancient human cave culture. Its central longitude and latitude is 41° 08' N and 124° 09' E.

It was established in 1994 with the approval of the State Council of China.

风景特点与资源价值

本溪水洞风景名胜区以本溪水洞为主体，集山、水、洞、泉、湖、林等自然景观和寺观、古人类洞穴文化遗址、革命历史遗迹等人文景观为一体。

本溪水洞风景名胜区地势东南高、西北低，最高峰为四方砬子山。水洞风景名胜区位于阴山—天山纬向构造的东延部分与新华夏系第二级隆起带的交接部。纬向构造以太子河凹陷为表现，沉积了寒武系和奥陶系大面积的海相地层，为水洞及温泉的形成提供了物质基础。本溪水洞形成的时代约距今 40 万～ 13 万年。

景区庙后山有我国东北地区旧石器早期洞穴遗址，对研究辽东古人类分布、古代地理有重要价值。铁刹山，又名九顶铁刹山，为东北道教发祥地；峭壁上有清代早期摩崖。明崇祯三年郭守真隐居云光洞，后在此收度弟子，被称为关东道教始祖。

风景区内共有植物 51 科 48 属，其观赏价值较高的有 189 种。国家二级保护动物有 50 多种，包括石貂、黄喉貂等。

摄影／史明涛

摄影／史明涛

Mount Yiwulv

医巫闾山

风·景 名胜区

概述

医巫闾山风景名胜区位于辽宁省北镇市，总面积64平方公里，是集聚了辽文化、明清文化、北方民族封禅文化、佛道文化的纪念地类风景名胜区。其中心位置的地理坐标为41° 36' N，121° 42' E。

2002年被国务院批准为国家级风景名胜区。

Mount Yiwulv National Scenic and Historic Area is in Beizhen City, Liaoning Province, covering the area of 64 square kilometers. It belongs to the type of Memorial Places. Its outstanding features is historical site of Liao Dynasty culture, Buddhism and Taoism cultue .Its central longitude and latitude is 41° 36' N and 121° 42' E.

It was established in 2002 with the approval of the State Council of China.

风景特点

医巫闾山风景名胜区山石、林木、天象、水景等自然景观奇异多姿，各种名胜古迹、历史文物遍布其中，是我国辽代历史遗迹最集中的地方。辽文化、明清文化、北方民族封禅文化共存其间，佛、道教文化兴盛，民俗文化特色浓郁。

资源价值

医巫闾山是断层褶皱山脉，山岩主要有花岗岩、近期花岗岩、片磨岩、石英岩等。山脉向西南延伸，属中老期山脉，系由震旦及白垩系地层组成。由于岩体形成较晚，岩性坚硬，因而具有山峰耸立的地形，较大山峰百余个，

摄影/马俊儒

一般高程约 400 米之上，其中最高峰望海山海拔 866 米。

医巫闾山是一座历史文化名山，有着从虞舜至明清四千年的文明史，具有极高的文化遗产价值。历朝历代皆对闾山有封号，古代帝王为祈祝风调雨顺、国泰民安，都会遣重臣或亲临闾山祭祀朝拜；其中尤以辽元明清时期为鼎盛，辽王朝视闾山为龙兴之地，其皇家寝陵就坐落于闾山的峰峦谷坳之间。医巫闾山有千年古刹观音阁，有原佛教协会会长赵朴初先生遗赠闾山的稀世珍宝紫砂铜佛“圣母观世音”，有东三省唯一一座供奉五路财神的五路财神殿，有唯一亲受皇封的天下第一仙堂胡仙堂，有建在贤臣名相读书堂内的文殊院。

医巫闾山的植被属于油松落叶阔叶混交林，这里有华北植物区系保存最好的油松林。有国家保护类野生植物 8 种，野生动物 31 种。

摄影/马俊儒

Qingshangou

青山沟 风·景名胜区

概述

青山沟风景名胜区位于辽宁省丹东市，总面积149.8平方公里，是以兼具江南秀丽和北方雄奇特色的山水风光为主要景观的山岳类风景区。其中心位置的地理坐标为41° 04′ N，125° 33′ E。

2002年被国务院批准为国家级风景名胜区。

Qingshan Gou National Scenic and Historic Area is in Dandong City, Liaoning Province, covering the area of 149.8 square kilometers. It belongs to the type of Mountains. Its outstanding features is fantastic mountain scenery combining northern and southern China style. Its central longitude and latitude is 41° 04' N and 125° 33' E.

It was established in 2002 with the approval of the State Council of China.

风景特点与资源价值

青山沟风景名胜区内岩体半裸露，形成众多的深谷、峰林和富有变化的岩面。青山沟是满族的发源地之一，保留了满族的许多习俗，具有浓厚的满乡风情。

摄影 / 姜长海

摄影/尹甲松

乘流直下蛟龙惊，连樯接舰屯江城。

——清·康熙《松花江放船歌》

吉林省 Jilin Province

松花湖风景名胜区

“八大部”—净月潭风景名胜区

仙景台风景名胜区

防川风景名胜区

Songhua Lake National Scenic and Historic Area

Eight Major Bureaus of Manchukou and Jinyue Pond National Scenic and Historic Area

Xianjingtai National Scenic and Historic Area

Fangchuan National Scenic and Historic Area

吉林省 Jilin Province

Songhua Lake

松花湖

风景名胜区

(吉)

概述

松花湖风景名胜区位于吉林省吉林市东南部，总面积500平方公里，是以水旷、山幽、林秀、雪佳的湖泊风光为主要景观的湖泊类风景区。其中心位置的地理坐标为42° 58′ N，127° 00′ E。

1988年被国务院批准为国家级风景名胜区。

Songhua Lake National Scenic and Historic Area is in the southeast of Jilin City, Jilin Province, covering the area of 500 square kilometers. It belongs to the type of Lakes. Its outstanding features is lake scenery integrated with mountains. Its central longitude and latitude is 42° 58′ N and 127° 00′ E.

It was established in 1988 with the approval of the State Council of China .

风景特点

松花湖的湖身长，沟汊多，窄处两岸青山对峙，婀娜多姿；宽处烟波浩渺，万顷一碧；周围层峦叠嶂，林木葱茏。整个湖区的景色十分秀丽。

松花湖下游有两处阿什哈达摩崖碑，是明代遗迹。

资源价值

松花湖四周环山，地形东南高、西北低，由南到北有富尔岭、南楼、肇大鸡岭、摩天岭等。

景区内有古代摩崖石刻——阿什哈达摩崖碑，位于松花湖下游江东岸阿什哈达屯临江的花岗岩峭壁上。碑分两处，均刻于明代，记载着在15世纪中叶，明朝政府先后三次派辽东都指挥使刘清率军在此造船、运兵运粮及修建龙王庙等史实。

松花湖地处长白山边缘地段，植被属温带针阔混交林带。景区内有国家三级保护植物水曲柳、胡桃楸、樟子松，有国家二级保护动物水獭、鸳鸯、花尾榛鸡。

摄影／谢志佳

摄影／谢志佳

《八大部》—净月潭风景名胜区

Eight Major Bureaus of Manchukuos and Jingyue Pond

吉林省 Jilin Province

概述

“八大部”—净月潭风景名胜区位于吉林省长春市，总面积103.38平方公里，是以碧潭、林海、群山结合的湖泊风光以及伪满洲国机构遗址为主要景观的岩洞类和纪念地类风景区。其中心位置的地理坐标为43° 47′ N，125° 27′ E。

1988年被国务院批准为国家级风景名胜区。

Badabu and Jinyue Pond National Scenic and Historic Area is in Changchun City, Jilin Province covering the area of 103.38 square kilometers. It belongs to type of Caves and Memorial Places.Its outstanding features is lake scenery integrated with mountains and forest and site of the institution of puppet Manchuria state. Its central longitude and latitude is 43° 47′ N and 125° 27′ E.

It was established in 1988 with the approval of the State Council of China.

风景特点

“八大部”—净月潭风景名胜区分为旅游观光、度假休闲、商贸服务、生态保护等区域，共 99 处景点；另有伪满时期的遗迹。净月潭风景区处处皆景致，四季貌不同。

资源价值

净月潭地区处于吉林省东部山地森林向西部草原过渡的地带，属长白山余脉的低山丘陵地带，海拔一般在 220 ~ 406 米，跨长白、内蒙古、华北三个植被区系，有高等植物 550 多种；脊椎动物 75 种，其中鸟类 65 种；无脊椎动物及昆虫 75 种。

景区内拥有伪满洲帝国傀儡皇帝宫殿、伪

摄影 / 崔晓炜

国务院及其下属“八大部”等历史建筑。伪国务院及治安部、司法部、经济部、交通部的原址，现为白求恩医大用房。兴农部原址今系东北师大附中。文教部原址今属东北师大附小。外交部原址今系吉林省社会科学院。另外，在净月潭山村中有金代古墓两处。

“八大部”景区是伪满洲国傀儡皇帝、伪国务院及其下属八个部（统称长春“八大部”）的所在地。伪国务院及治安部、司法部、经济部、交通部的原址，现均为白求恩医大用房。兴农部原址今系东北师大附中。文教部原址今属东北师大附小。外交部原址今系吉林省社会科学院。另外，在净月潭山村中有金代古墓两处。

净月潭地区植被处于森林草原和草原的过渡地带，跨长白、内蒙古、华北三个植被区系，有高等植物 550 多种。区内有脊椎动物 75 种，其中鸟类 65 种；无脊椎动物及昆虫 75 种。

摄影 / 崔晓炜

Xianjingtai

仙景台 风·景名胜区 吉

吉林省 Jilin Province

概述

仙景台风景名胜区位于吉林省和龙市，总面积43平方公里，是以奇峰险崖、绝壁奇松为主要景观的山岳类风景区。其中心位置的地理坐标为42° 18' N，129° 03' E。

2002年被国务院批准为国家级风景名胜区。

Xianjingtai National Scenic and Historic Area is in Helong City, Jilin Province, covering the area of 43 square kilometers. It belongs to the type of Mountains. Its outstanding feature is fantastic mountain scenery integrated with peaks, pine trees, and Cloud Sea. Its central longitude and latitude is 42° 18' N and 129° 03' E.

It was established in 2002 with the approval of the State Council of China.

风景特点

仙景台风景的美突显在山峦群峰之"雄"，悬崖绝壁之"险"，天然雕塑岩之"绝"，奇松之"妙"，云海仙岛之"仙"，金达莱花之"艳"，金秋黄叶之"美"，雪花银装之"神"，自古就有"天下第一仙景"之美称。

资源价值

仙景台风景区属岩浆岩地貌类型，为火山岩系。受构造和自然风化的影响，形成花岗岩、玄武岩造型地貌的峰、洞、石林。

仙景台风景名胜区的人文历史源远流长，佛教文化盛行。延边朝鲜族民间艺术、饮食文化、服饰文化等民族风情浓郁。

摄影 / 尹甲松

摄影 / 尹甲松

防川

风名
·胜
景区

Fangchuan

吉林省 Jilin Province

概述

防川风景名胜区位于吉林省珲春市，总面积139平方公里，是以“一眼看三国”的边境风光为主要景观的纪念地类风景区。其中心位置的地理坐标为42° 27′ N，130° 36′ E。

2002 年被国务院批准为国家级风景名胜区。

Fangchuan National Scenic and Historic Area is in Huichun City, Jilin Province, covering the area of 139 square kilometers. It belongs to the type of Memorial Places. Its outstanding feature is the common border area scenery of China. Its central longitude and latitude is 42° 27′ N and 130° 36′ E.

It was established in 2002 with the approval of the State Council of China.

风景特点与资源价值

“一眼望三国、犬吠闻三疆”的边境景观在我国可谓一奇，在这里可观赏到不同风格、不同形式的城镇建筑。防川风景名胜区为研究辽金时代的历史文化提供了见证，抗日战争、解放战争等革命遗迹吸引了大量游人。

风景区内敬信盆地位于珲春东南部，圈河河曲十分发育，平原上广布沼泽与湿地，海拔 10 米左右，是吉林省最低的地方。

风景区内珍稀植物野玫瑰属第四纪古生代植物，具有很高的社会经济价值。

防川风景区供图

摄影／宋举浦

山上平湖水上山，
北国风光胜江南。

——叶剑英

黑龙江省

Hei Longjiang Province

镜泊湖风景名胜区
五大连池风景名胜区
太阳岛风景名胜区

Jingpo Lake National Scenic and Historic Area
Wudalianchi National Scenic and Historic Area
Sun Island National Scenic and Historic Area

黑龙江省 Hei Longjiang Province

镜泊湖 Jingpo Lake

名胜区
风・景

概述

镜泊湖风景名胜区位于黑龙江省牡丹江市，总面积1726平方公里，是以清平如镜的镜泊湖、奇特的地下熔岩隧道、唐代渤海国古城遗址为主要景观的湖泊类风景区。其中心位置的地理坐标为44° 02' N，125° 00' E。

1982年被国务院批准为国家级风景名胜区。

Jingpo Lake National Scenic and Historic Area is in Mudanjiang City, Helongjiang Province, covering the area of 1726 square kilometers. It belongs to the type of Lakes. Its outstanding features are the peaceful lake scenery integrated with underground lava tunnels and ancient city site. Its central longitude and latitude is 44° 02' N and 125° 00' E.

It was established in 1982 with the approval of the State Council of China.

风景特点与资源价值

镜泊湖，意为清平如镜，湖面长 45 公里，水域面积约 80 平方公里，是世界上最大的火山熔岩堰塞湖、第二大高山堰塞湖。镜泊湖山脉属低山丘陵地貌，湖西山势起伏较大，湖东及湖南山势较平缓，湖北地势平坦。景区内分布着国内罕见的大型熔岩隧道，各隧道内部结构相似、形态奇异而有规律。

镜泊湖之美早有记载，自唐代渤海国历经宋、清至民国多有诗词游记流传于世。景区内的古渤海国上京龙泉府遗址是全国唯一保存完整的唐代渤海国古城遗址。

景区内植被覆盖率达 90% 以上。景区内有樟子松、核桃楸、黄蘗等 5 种珍稀濒危保护植物，动物资源也比较丰富。

摄影／吴继宇

摄影／吴继孝

五大连池 风·景名胜区

Wudalianchi

概述

五大连池风景名胜区位于黑龙江省黑河市，景区总面积为1060平方公里，是以奇异壮美的火山地貌、自然秀丽的湖泊风光为主要景观的特殊地貌类风景区。其中心位置的地理坐标为48° 44′ N，126° 40′ E。

1982年被国务院批准为国家级风景名胜区。

Wudalianchi National Scenic and Historic Area is in Heihe City, Heilongjiang Province,

covering the area of 1060 square kilometers. It belongs to the type of Specified Landforms. Its outstanding feature is fantastic scenery of volcanic landscape integrated with lakes. Its central longitude and latitude is 48° 44′ N and 126° 40′ E.

It was established in 1982 with the approval of the State Council of China.

风景特点

五大连池风景名胜区有雄峻陡峭的山巅火口、波澜壮阔的翻花石海、造型奇绝的喷气锥碟、霜花似玉的熔岩冰洞、碧水一泓的天池胜景、云雾蒸腾的石龙温泊、鬼斧神工的龙门石

摄影／郭柏林

摄影／郭柏林

摄影／郭柏林

寨、景色如画的堰塞湖泊，还有千姿百态的火山微地貌、远古大湿地和古火山原始森林。

资源价值

五大连池，是五个沂南北分布并连通的火山岗堰塞湖的统称，也是满语“九磐石”的音译，是我国第二大火山堰塞湖，与法国的维希矿泉、俄罗斯北高加索矿泉并称为“世界三大冷泉”。

五大连池火山群海拔高度为 400 ~ 600 米，有 14 个独立的火山锥和一系列盾状火山。五大连池有近 50 平方公里的湿地和 40 余平方公里、容量 1.7 亿立方米的火山堰塞湖，水势条件优越。

五大连池的人类历史源远流长，它的古老先民达斡尔、满、蒙、鄂伦春、鄂温克等各族人民创造了丰富的民俗文化，这里不仅有萨满、佛教、道教文化，而且还有浓郁关东风情的流民文化，屯垦、知青文化。神鹿的传说、黑龙白龙的故事随着五大连池的美誉流传大江南北，这里是北方龙文化的起源，是火山文化、矿泉文化的摇篮。

景区内的珍稀动物麋鹿、丹顶鹤、中华秋沙鸭、鸨是国家一级保护动物。

特色主题

南格拉球山是五大连池 14 座火山中的最高峰，海拔 596.9 米，相对高度为 149.9 米。站在天河白塔上，五大连池火山群尽收眼底。天池直径 500 米，由于精巧，被称为“天池盆景”。天池承天地之造化，赐一池圣水，圣湖高悬，景自天来，夏日里，湖边树叶抚水，湖中野鸭游弋，清碧如玉，风情万种。（摄影／郭克毅）

太阳岛 Sun Island

风景名胜区

概述

太阳岛风景名胜区位于黑龙江省哈尔滨市，景区总面积为88平方公里，是以广阔的江漫滩湿地草原为主要景观的特殊地貌类风景区。其中心位置的地理坐标为45° 44' N，126° 33' E。

1982年被国务院批准为国家级风景名胜区。

Sun Island National Scenic and Historic Area is in Haerbing City, Heilongjiang Province, covering the area of 38 square kilometers. It belongs to the type of Specified Landforms. Its outstanding feature is grassland scenery of river floodplain wetland. Its central longitude and latitude is 45° 44' N and 126° 33' E.

It was established in 1982 with the approval of the State Council of China.

风景特点与资源价值

太阳岛风景名胜区四季的季相变化十分明显，岛上充满异域风情的俄罗斯风情小镇，完整地保存着26座俄罗斯风格建筑。

摄影/刘恒甫

摄影 / 何连生

江苏省
Jiangsu Province

太湖风景名胜区
钟山风景名胜区
云台山风景名胜区
蜀冈—瘦西湖风景名胜区
三山风景名胜区

Tai Lake National Scenic and Historic Area
Mount Zhong National Scenic and Historic Area
Mount Yuntai National Scenic and Historic Area
Shugang and Shou West Lake National Scenic and Historic Area
Three Mountains National Scenic and Historic Area

姑苏城外寒山寺，
夜半钟声到客船。

——唐·张继《枫桥夜泊》

太湖

风景名胜区

蘇

Tai Lake

江苏省 Jiangsu Province

概述

太湖风景名胜区位于江苏省无锡市，总面积902平方公里（含水面面积511平方公里），是以太湖风光、吴越文化古迹、江南水乡古镇和明清园林为主要景观的湖泊类风景区。其中心位置的地理坐标为31° 02' N，120° 02' E。

1982年被国务院批准为国家级风景名胜区。

2001年，同里景区的退思园作为苏州古典园林的重要组成部分被列入《世界遗产名录》。

Taihu National Scenic and Historic Area is in Wuxi City, Jiangsu Province, covering the area of 902 square kilometers, including water area of 511 square kilometers. It belongs to the type of Lakes. Its outstanding feature is lake scenery integrated with ancient towns and gardens. Its central longitude and latitude is 31° 02' N and 120° 02' E.

It was established in 1982 with the approval of the State Council of China. Tuisi Garden in Tongli scenic zone, a nominate place of the

摄影/李振鹏

摄影／张小鸣

Classical Gardens of Suzhou, was listed as the World Heritage site by UNESCO in 2001.

风景特点

太湖风景名胜区自然景观主要为太湖水域、岸线、岛屿、湿地和山林植被，人文景观主要为以吴越史迹为导线而串联起来的吴越文化古迹、典型的江南水乡古镇和珍贵的明清园林、建筑。

资源价值

太湖至宋元以后始趋稳定至现今规模，平面形态略呈半圆形，西南部湖岸平滑而呈弧形，东北部湖岸曲折，多湖湾与岬角。太湖中存大小岛屿48座，其中西洞庭山最大。太湖平均水深1.89米，是一个典型的浅水型湖泊，水生生物品种丰富。

太湖风景名胜区“湖不深而辽阔，山不高而清秀”，是一派“平山远水”、“山长水阔”的“吴中山水”景色。湖面烟波浩淼，气势磅礴。湖中岛屿星罗棋布，错落有致。沿湖低山丘陵，逶迤连绵，山水相间，湖岸线曲折蜿蜒，大小水湾串联套合，山重水复与缥缈浩瀚相得益彰，构成一个个千姿百态的天然山水画面。湖光山色与镶嵌在山环水抱之中的渔港、村落所构成的田园风光，也是太湖风景名胜区的景观特色画卷。

太湖东、北、西沿岸和湖中诸岛，为吴越文化发源地，遗存大批文物古迹，如春秋时期阖闾城、越城遗址、隋代大运河、唐代宝带桥、宋代紫金庵、元代天池石屋、明代扬湾一条街以及大量名寺古刹、古典园林等。还有关于吴王夫差、越王勾践、孙子、范蠡、西施、范仲淹等历史人物的传说或遗迹。

摄影／宋举浦

摄影／李振鹏

摄影/屠国啸

钟山

风景名胜区

Mount Zhong

概述

钟山风景名胜区位于江苏省南京市，是以包纳六朝至民国多朝帝王将相、英雄豪杰的陵墓为主要景观的陵寝类风景区，总面积35.04平方公里，其中心位置的地理坐标为32° 04'N，118° 51'E。

1982年被国务院批准为国家级风景名胜区。2000年风景名胜区内的明孝陵作为“明清皇家陵寝”的重要组成部分以“世界文化遗产”列入联合国教科文组织的《世界遗产名录》。

Mount Zhong National Scenic and Historic Area is in Nanjing City, Jiangsu Province, covering the area of 35.04 square kilometers. It belongs to the type of Emperor and Notable Tombs. Its outstanding features are the tombs of emperors and other excellent people from Six Dynasties to the period of the Republic of China. Its central longitude and latitude is 32° 04' N and 118° 51' E.

It was established in 1982 with the approval of the State Council of China. The Ming Dynasty Emperor Zhuyuanzhang and his wife' s tomb was listed as the World Heritage site by UNESCO in 2003.

风景特点

钟山虽不算高，却以“龙蟠”之势，屹立在扬子江畔，饮霞吞雾，历经千年而郁郁葱葱，山、水、城、楼、林浑然一体。诸葛亮曾称“钟山龙盘，石头虎踞，此乃帝王之宅也”，赞叹钟山的壮丽与险要。钟山囊“六朝文化、明代文化、民国文化、佛教文化、山水城林文化”系列于一山之中，是为“中华城中人文第一山”。区内有紫金山、玄武湖、名人陵墓、明代城垣等。

资源价值

钟山属于宁镇山脉，是宁镇山脉的最高峰，山体东西走向，长约7公里，南北宽约3公里，面积约20多平方公里，周围30多公里。钟山一共有三个山峰，东西并列如笔架。主峰居中偏北，故又称北高峰、中茅山，海拔448.9米。钟山山势雄伟险峻，略呈弧形，弧口朝南，蜿蜒如龙。山脊的走向以北高峰为转折点，西段走向西南，经太平门附近入城，余脉向西断续延伸为富贵山、九华山，止于北极阁。东段走向东南，止于马群。

钟山囊多元文化于一山之中。钟山主峰之巅有太子岩。主峰南山腰上遗存有“2000年全国十大考古发现”之一的六朝祭坛，这是目前我国发现的最古老、最大的皇家地坛。此外，据史籍载，孙权墓就在今梅花山，东晋五帝、刘宋二帝七陵均在钟山，钟山是南京乃至全国为数不多的六朝遗存中相对集中的区域，历史地位、研究价值极其重要。

明代文化是以明太祖朱元璋与马皇后合葬墓明孝陵为核心的皇家陵寝文化，包括太子朱标东陵，钟山之阴有明初开国功臣徐达、李文忠、常遇春、吴良、吴桢等墓葬。作为古都南京的唯一一处世界文化遗产，明孝陵的“前朝后寝”开创了明清两代帝王陵规制的先河。

民国文化是依托中山陵园为载体的近代民族民主革命思潮和爱国主义等具有民族特色的思想文化。中山陵，以及众多的纪念性建筑、陵园学术机构和文体设施、民国名人附葬墓，共同组成了驰名中外的中山陵园风景区。景点有行健亭、音乐台、光华亭、仰止亭、流徽榭、藏经楼、革命历史图书馆、中山植物园、永慕庐、温室、永丰社、何香凝墓、范鸿仙墓、韩恢墓、抗日航空烈士墓、国民革命阵亡将士公墓等。

金陵有佛教，始于六朝，据史载，自孙权在南京建立政权后，就有天竺沙门前来传播佛教，这便是钟山佛教文化的起源。“南朝四百八十寺”，钟山之中就有寺庙70所之多，佛教最为鼎盛，目前还存有“天下第一禅林”灵谷寺。寺周围有无梁殿、志公塔、八功德水、万工池等胜景。

钟山风景名胜区内古老珍稀树木资源共924株，其中枰砣树、银杏、鹅掌楸、水杉、青檀等，属于国家珍稀濒危保护植物。

特色主题

明孝陵神道的6种石兽中，以象为最大，重达80吨。神道在此由东西向改为南北向。路旁两侧，松柏掩映，翁仲肃立，因此而得名“翁仲路”。相传清代乾隆年间，某翰林上书时，将“翁仲”误作“仲翁”，乾隆顺手批道：“翁仲如何作仲翁，十年寒窗少夫功。而今不许为林翰，罚去江南作判通。”乾隆故意将“功夫”、“翰林”、“通判”写作“夫功”、“林翰”、“判通”，加以嘲讽，这位翰林满面羞愧，灰溜溜地去了江南。（摄影／屠国啸）

摄影／屠国啸

高山
水簾洞

云台山 Mount Yuntai

风景名胜区

概述

云台山风景名胜区位于江苏省连云港市，景区总面积167.38平方公里，是以融合了三元宗教文化的海上岛屿风光为主要景观的纪念地类风景区。其中心位置的地理坐标为34° 22'N，119° 27'E。

1988年被国务院批准为国家级风景名胜区。

Mount Yuntai National Scenic and Historic Area is in Lianyungang City, Jiangsu Province, covering the area of 167.38 square kilometers. It belongs to the type of Memorial Places. Its outstanding features are island scenery integrated with Confucianism, Buddhism and Taoism. Its central longitude and latitude is 34° 22' N and 119° 27' E.

It was established in 1988 with the approval of the State Council of China.

风景特点

云台山，古称郁山、苍梧山，是海上岛屿，素有“海上仙山”之称。云台山风景名胜区是融明清名著文化、三元宗教文化、东夷史前文化等多元历史文化与雄峰、大海、岛屿、洞穴、奇石、溪涧、花木等自然景观为一体，城景相融、山海相拥的国家级风景名胜区。

资源价值

云台山位于华北古陆的南缘，属“云台地貌”。云台山由五条山脉组成，由南向北为锦屏山、前云台山、中云台山、后云台山、东西连岛。

云台山是我国著名的灵山，隋唐以来，文人墨客渡海登山者不绝，留下了十分丰富的文化遗迹。现经重修的寺庙有三元宫、灵官殿、玉皇阁、阿育王塔、老君堂等。庙宇内的千年古银杏、八百年玉兰王等古树名木都是追踪庙宇历史的活文物。在唐宋明清众多的摩崖碑刻中，最为珍贵的是郁林观狮子崖上的唐隶和宋篆，是我国书法艺术史中的瑰宝。

云台山有着多种多样的植被类型。其中，茱萸峰植被茂密，有千年名树红豆杉、五角枫。2002年6月，云台山子房湖内首次发现了被誉为水中大熊猫的桃花水母群。桃花水母距今已有6.5亿年，与野马、大熊猫被共同列入国家濒危野生动物红色名录。

摄影／李正冬

蜀冈—瘦西湖

Shugang and Shou West Lake

风景名胜区

江苏省 Jiangsu Province

概述

蜀冈—瘦西湖风景名胜区位于江苏省扬州市，总面积7.43平方公里，是以历史文化遗迹和瘦西湖古典园林群为主要景观的城市风景类风景区。其中心位置的地理坐标为32° 24' N，119° 26' E。

1988年被国务院批准为国家级风景名胜区。

Shugang and Shouxihu National Scenic and Historic Area is in Yangzhou City, Jiangsu Province, covering the area of 7.43 square kilometers. It belongs to the type of Urban Landscape. Its outstanding features are lake scenery integrated with historical sites and ancient gardens .Its central longitude and latitude is 32° 24'N and 119° 26'E.

It was established in 1988 with the approval of the State Council of China.

风景特点

“天下西湖，三十有六”，唯扬州的西湖，以其清秀婉丽的风姿独异诸湖，占得一个恰如其分的“瘦”字。一泓曲水宛如锦带，如飘如拂，时放时收，较之杭州西湖，另有一种清瘦的神韵。隋唐时期，瘦西湖沿岸陆续建园。及至清代，由于康熙、乾隆两代帝王六度“南巡”，形成了“两堤花柳全依水，一路楼台直到山”的盛况。清代钱塘诗人汪沆将扬州西湖与杭州西湖作了对比，写道:“垂杨不断接残芜，雁齿虹桥俨画图。也是销金一锅子，故应唤作瘦西湖。”瘦西湖由此得名，且为人们所首肯，至今名播中外。

资源价值

瘦西湖风景区巧妙地利用河流、丘壑的自然风貌，亭廊楼阁依势而筑，傍水而建，形成了集锦式的“湖上古典园林”群落。蜀冈景区东峰、中峰以宗教文化著称，西峰自然风光秀丽，生态环境优良。唐子风景区以唐古城文化著称，唐代城池清晰可辨，现有古城墙、古护城河等著名历史遗存。笔架山景区植被丰富，山色葱翠，更有茶园、古树名木、花木盆景等植物点缀其间。绿杨村景区与老城区毗邻，内有史公祠、梅花岭等众多的文物古迹和风景园林。

蜀冈有唐鉴真大和尚东渡日本主持的大明寺、北宋欧阳修营建的平山堂及苏轼建造的谷林堂等古典园林和古建筑，有1973年新建的鉴真纪念堂。

摄影／茅永宽

特色主题

五亭桥不但是瘦西湖的标志，也是扬州城的象征。它建于清乾隆二十二年，至今已有两百多年的历史。五亭桥上建有极富南方特色的五座风亭，挺拔秀丽的风亭就像五朵冉冉出水的莲花。亭上有宝顶，亭内绘有天花，亭外挂着风铃。五亭桥的桥墩由12大块青石砌成，形成厚重有力的“工”字形桥基。

摄影／茅永宽

三山 Three Mountains

风景名胜区

概述

三山风景名胜区位于江苏省镇江市，景区总面积17.23平方公里，是以金山、焦山、北固山、长江风光和寺庙建筑群为主要景观的城市风景类风景区。其中心位置的地理坐标为32° 13' N，119° 27' E。

2004年被国务院批准为国家级风景名胜区。

Three Mountains National Scenic and Historic Area is in Zhenjiang City, Jiangsu Province, covering the area of 17.23 square kilometers. It belongs to the type of Urban Landscape. Its outstanding feature is mountain and river scenery integrated with ancient temples. Its central longitude and latitude is 32° 13' N and 119° 27' E.

It was established in 2004 with the approval of the State Council of China.

风景特点

三山，指“金山、焦山、北固山”，以“大江风貌、江中浮玉”为特色，以历史胜迹、风物传说为底蕴，自然景观、人文景观相结合。

摄影／陈大经

摄影／吴培忠

资源价值

镇江市位于宁镇山脉东端，处于一水横陈、三面连岗的独特地貌。地势西高东低，南高北低，呈波状起伏状，形成以丘陵岗地为主的地形特征，南部为低山区，北部沿江为一带状冲积平原，系长江漫滩，漫滩之中，自西向东，孤立着金山、云台山、北固山、象山、焦山等，中部为丘陵谷地。

金山名胜古迹甚多，金山寺宇金碧辉煌，摩肩接踵，一塔拔地而起，直指云天，无论近观远眺，总见寺而不见山，向有“金山寺裹山”的说法。北京颐和园的万寿山，承德避暑山庄的“天宇咸畅”，以及扬州瘦西湖的“小金山”等都借鉴了这“山被寺裹”、“塔拔山高”的建筑艺术。

焦山造园风格属典型的江南寺庙园林，鼎盛时全山有大小十五座寺庙庵院，且古寺深藏掩隐山中，形成独特的“焦山山裹寺”的园林景观特色。

北固山前峰即鼓楼岗，相传是三国孙权的宫殿和周瑜帅府所在。中峰旧有北固山房，山下有东吴大将太史慈墓与已湮没的宋代杰出词人柳永墓。中峰西面山廊下有凤凰池，相传明开国皇帝朱元璋曾临凤凰池议论政事。后峰是主峰，也叫北峰，是名胜古迹集中之地，甘露寺即高踞峰巅，峰的东南有铁塔一座。这里的亭台楼阁、山石涧道，不少与三国时孙刘联盟的历史传说有关，成为游人寻访三国遗迹的向往之地。北固山的寺庙和亭台楼阁，在建筑结构上与金、焦二山不同，采用了“以寺镇山”的手法，故有凌空飞阁之势，形成“寺冠山”的特色。

风景区内鱼类资源丰富，有列为国家一级保护动物的珍稀鱼类白鳍豚、中华鲟和白鲟，列为国家二级保护动物的江豚，以及镇江市特有的珍稀鱼类——刀鱼、鲥鱼和河豚。

烟柳画桥，风帘翠幕，
参差十万人家。

——北宋·柳永《望海潮》

浙江省 Zhejiang Province

杭州西湖风景名胜区
普陀山风景名胜区
天台山风景名胜区
嵊泗列岛风景名胜区
楠溪江风景名胜区
莫干山风景名胜区
雪窦山风景名胜区
双龙风景名胜区
仙都风景名胜区
江郎山风景名胜区
仙居风景名胜区
方岩风景名胜区
百丈漈—飞云湖风景名胜区
富春江—新安江风景名胜区
雁荡山风景名胜区
天姥山风景名胜区
方山—长屿硐天风景名胜区
浣江—五泄风景名胜区
大红岩风景名胜区

Hangzhou West Lake National Scenic and Historic Area
Mount Putuo National Scenic and Historic Area
Mount Tiantai National Scenic and Historic Area
Shengsi Archipelago National Scenic and Historic Area
Nanxi River National Scenic and Historic Area
Mount Mogan National Scenic and Historic Area
Mount Xuedou National Scenic and Historic Area
Shuanglong National Scenic and Historic Area
Xiandu National Scenic and Historic Area
Mount Jianglang National Scenic and Historic Area
Mount Xianju National Scenic and Historic Area
Fangyan National Scenic and Historic Area
Baizhang Waterfall and Feiyun Lake National Scenic and Historic Area
Fuchun River and Xin'an River National Scenic and Historic Area
Mount Yandang National Scenic and Historic Area
Mount Tianmu National Scenic and Historic Area
Mount Fang and Changyudongtian National Scenic and Historic Area
Huan River and Wuxie Waterfall National Scenic and Historic Area
Great Red Rock National Scenic and Historic Area

摄影／王华

Hangzhou West Lake

杭州西湖 风·景名胜区

概述

杭州西湖风景名胜区位于浙江省杭州市西部，总面积59.04平方公里，其中湖面面积6.5平方公里，是以西湖的旖旎风光及园林古刹为主要景观的城市风景类风景区。其中心位置的地理坐标为30° 14' N，120° 07' E。

1982年被国务院批准为国家级风景名胜区。

2011年以“世界文化景观”被联合国教科文组织列入《世界遗产名录》。

Hangzhou West Lake National Scenic and Historic Area is in the west of Hangzhou City, Zhejiang Province, covering the area of 59.04 square kilometers, including lake area of 6.5 square kilometers. It belongs to the type of Urban Landscape. Its outstanding feature is the beautiful scenery of West Lake integrated with ancient gardens and temples. Its central longitude and latitude is 30° 14' N and 120° 07' E.

It was established in 1982 with the approval of the State Council of China and listed as the World Heritage site by UNESCO in 2011.

风景特点

杭州西湖风景名胜区特点突出，包括典型的湖泊风景和江南水景、繁盛而富有生机的动植物景观、逶迤连绵的丘陵以及随时入景的气象景观，而丰富的历史人文景观与自然景观融为一体。

西湖是风景区的主体，西湖景观是自然美中秀美的极致。水不广，但湖平如镜；山屏湖外，登山兼可眺湖，游湖亦并看山；山影倒置湖心，湖光反映山际。西湖的溪涧以九溪、天竺溪为特色，清幽朴拙，自然天成。虎跑、龙井、玉泉等西湖泉水，水质清甜甘美。

摄影 / 孙小明

摄影 / 陈志华

摄影／陈志华

摄影／孙小明

西湖风景区的自然美还在于与湖面完美结合的逶迤群山。湖山的尺度比例给人以亲切感，视觉由湖心亭向外延伸，显现出多层次的景观。

西湖因朝夕晨昏之异、风雪雨雾之变、春夏秋冬之殊，呈现异常绚丽的气象景观。苏堤春晓、平湖秋月、南屏晚钟、断桥残雪、雷峰夕照、葛岭朝暾、双峰插云，这些著名的西湖胜景都因时令、气象的变化而得景。前人说："晴湖不如风湖，风湖不如雨湖，雨湖不如月湖，月湖不如雪湖。"

资源价值

西湖有丰富的、与自然景观融为一体的人文景观。高规格、高密度的历史文化遗存，优美感人的诗文传说、名人逸事，自成一派的佳构异园、古刹名寺，丰富多彩的民俗风情齐聚于此。从秋瑾墓到岳飞墓，从灵隐寺到六和塔，从西泠印社到三潭印月，在欣赏湖光山色、优美风光的同时，可感受到精美园林、雄伟古建所蕴涵的人文美和艺术美。

杭州地处亚热带北缘，植物品种繁多，西湖山区的绿化覆盖率达70%以上，主要以常绿和落叶阔叶混交林为特色。景区内有许多历史上形成的植物景观，如三秋桂子、十里荷花、六桥烟柳、九里云松、云栖竹径、灵峰探梅等。景区内的各种古树名木有78种约700余株。

浙江省 Zhejiang Province

普陀山

风景名胜区

(浙) Mount Putuo

概述

普陀山风景名胜区位于浙江省舟山市，总面积41.95平方公里，是以观音菩萨道场和海岛风光为主要景观的历史圣地类风景区。其中心位置的地理坐标为30° 00′ N，122° 22′ E。年均降水量1186.9毫米，年均气温16.1摄氏度。

1982年被国务院批准为国家级风景名胜区。

Mount Putuo National Scenic and Historic Area is in Zhoushan City, Zhejiang Province, covering the area of 41.95 square kilometers. It belongs to the type of Sacred Places. Its outstanding feature is one of the most famous Buddhist Mountains in China with beautiful island scenery. Its central longitude and latitude is 30° 00′ N and 122° 22′ E. The average yearly precipitation is 1186.9 mm, and the mean yearly temperature is 16.1 ℃.

It was established in 1982 with the approval of the State Council of China.

风景特点

普陀山风景名胜区以佛教的观音文化和海岛自然风光构成的海天佛国为特色。

普陀山风景区属岛屿景观，西有莲花洋，群岛如千山浮海，石峰似莲花出水。东临东海，空阔无边。峰峦起伏，植被繁茂，线柔曲、形丰满，群峰丛翠，构成“海岸千山秀”的景观。翠壁千座，山丘四环，构成大大小小的围合、半围合幽谷，加之谷中古木参天，使幽者更幽。步金沙软如茵；观奇石，造型百态；听潮音，奔雷喷雪，动、静、声、色交响成曲，震人主

摄影/蒲柯柯

摄影／宋举浦

摄影／宋举浦

弦；日出东海，朝露映金沙，亦属难得景观。

资源价值

普陀山是舟山群岛之一，海岸地貌类型齐全典型。

作为四大佛教名山，普陀山的历史上留下了大量有形文化遗产。法雨禅寺、多宝塔等 2 处为全国重点文物保护单位，普济禅寺为浙江省省级文物保护单位。现存的 3 大寺、56 庵院、16 茅棚以及与其相连的莲花香道，是明清以来较完整的海天佛国观音文化景观体系，是一处风格统一、融于自然的价值和特色很高的自然文化遗产。普陀山之胜，吸引了大批文化墨客，留下了许多摩崖石刻，其中不乏传世佳作。

景区内的天然植被包括针叶林、阔叶林、竹林、灌丛、草丛、滨海盐生植被、滨海沙生植被和沼生与水生植被等 8 大类。普陀山有陆栖脊椎动物 17 目 45 科 103 种。其中属于国家二级保护动物的有穿山甲、水獭、獐、黄嘴白鹭、黑鸢、雀鹰、赤腹鹰等 7 种。

天台山

Mount Tiantai

风景名胜区

浙江省 Zhejiang Province

概述

天台山风景名胜区位于浙江省台州市，总面积105平方公里，是以山水神秀、佛教宗源为主要景观的山岳类风景区。其中心位置的地理坐标为29° 10' N，121° 02' E。

1988年被国务院批准为国家级风景名胜区。

Mount Tiantai National Scenic and Historic Area is in Taizhou City, Zhejiang Province, covering the area of 105 square kilometers. It belongs to the type of Mountains. Its outstanding feature is mountain scenery integrated with Buddhist culture .Its central longitude and latitude is 29° 10' N and 121° 02' E.

It was established in 1988 with the approval of the State Council of China.

风景特点

天台山，因“山有八重，四面如一，顶对三辰，当牛女之分，上应台宿，故名天台”。天台山花岗岩山丘地貌总体呈雄伟浑圆状，峰峦连绵，山地呈多级结构。花岗岩体内，局部节理、断裂发育，形成悬崖、天生桥、壶穴等微地貌景观。

资源价值

天台属浙东丘陵山区，主峰华顶峰海拔1098米。区内生物资源丰富，天台乌药被誉为“长生不老之药”，东传日本。

天台山有佛国仙山之称誉，是日本佛教“天台宗”和“日莲宗”的发祥地。坐落在五峰山麓的天台山国清寺，创建于隋，是中国佛教天台宗的祖庭，也是韩国、日本佛教天台宗的祖庭。赤城山洞为道教第六洞天。

特色主题

天台山国清寺位于天台县城关赤城街道五峰山麓。创建于隋开皇十八年(598年)，寺院总占地7.3万平方米，建筑总面积2万余平方米，是中国佛教天台宗的祖庭，同时也是韩国、日本佛教天台宗的祖庭，历史悠久、文化积淀深厚。(摄影／戴军斌)

摄影／宋举浦

嵊泗列岛

风景名胜区

Shengsi Archipelago

浙江省 Zhejiang Province

概述

嵊泗列岛风景名胜区位于浙江省舟山市，总面积37.26平方公里，是以碧海奇岩、金沙渔火为主要景观的海滨海岛类风景区。其中心位置的地理坐标为30° 45' N，122° 28' E。

1988年被国务院批准为国家级风景名胜区。

Shengsi Archipelago National Scenic and Historic Area is in Zhoushan City, Zhejiang Province, covering the area of 37.26 square kilometers. It belongs to the type of Seashores and Islands. Its outstanding feature is seashore scenery integrated with island folk culture .Its central longitude and latitude is 30° 45' N and 122° 28' E.

It was established in 1988 with the approval of the State Council of China.

风景特点与资源价值

嵊泗列岛地处国内主要渔场——舟山渔场的中心，是国内目前唯一的一处列岛型国家级风景名胜区，以岛礁棋布、海岸曲折的地貌为主要景观，海域水产资源丰富。

嵊泗列岛历史悠久，底蕴深厚，留有众多名人摩崖石刻。近代战争的历史也留下了诸多的遗址遗迹，如被誉为远东第一大灯塔的花鸟灯塔（1870年英国人所建）、白节灯塔（1887年英国人所建）、马迹山和五龙东山的日军火炮台遗址、五龙的日军鱼雷洞遗址等。嵊泗县是以渔业为主的海岛县，渔乡民俗风情浓郁，勾勒出一幅活灵活现的渔岛情画。

摄影／陈根信

摄影／陈根信

摄影／叶新仁

楠溪江 Nanxi River

风景名胜区

概述

楠溪江风景名胜区位于浙江省温州市，总面积670.76平方公里，是以典型的火山岩地貌、完整的楠溪江水系和古朴的古村落为主要景观的江河类风景区。其中心位置的地理坐标为28° 23' N，120° 45' E。

1988年被国务院批准为国家级风景名胜区。

Nanxi River National Scenic and Historic Area is in Wenzhou City, Zhejiang Province, covering the area of 670.76 square kilometers. It belongs to the type of Rivers. Its outstanding feature is typical volcanic landscape and river scenery integrated with ancient villages. Its central longitude and latitude is 28° 23' N and 120° 45' E.

It was established in 1988 with the approval of the State Council of China.

风景特点与资源价值

楠溪江风景名胜区位于浙东南褶皱带温州—临海凹陷区东南部，呈现出两山夹一水的地貌格局，表现出“水美、岩奇、瀑多、林秀、村古”的山水田园特色。

楠溪江两岸还保存着大量的明清时代民居建筑，有很高的建筑艺术和历史文化价值，流露着中国山水田园文化的风采。楠溪江流域有道教、佛教、基督教、天主教等多种宗教，多神共祀。风景区内形成了两处大的道教中心，其中，陶公洞被道家誉为“道教第十二福地”。

摄影／叶新仁

莫干山

风·名胜区

浙江省 Zhejiang Province

Mount Mogan

概述

莫干山风景名胜区位于浙江省湖州市。风景名胜区总面积67平方公里，是以竹林和别墅建筑群为主要景观的山岳类风景区。其中心位置的地理坐标为30° 36' N，119° 52' E。

1994年被国务院批准为国家级风景名胜区。

Mount Mogan National Scenic and Historic Area is in Huzhou City, Zhejiang Province, covering the area of 67 square kilometers. It belongs to the type of Mountains. Its outstanding features are bamboo forest and architectural complex of villas. Its central longitude and latitude is 30° 36' N and 119° 52' E.

It was established in 1994 with the approval of the State Council of China.

风景特点与资源价值

莫干山风景名胜区以“清凉世界”著称，尤以竹林景观取胜。重山叠岭，茫茫修竹连绵不绝，景观异常秀丽，为他山所罕见。山中多云雾，常常出没于窗台，飘然入室，缭绕聚散，情致悠悠。莫干山有天池、芦花荡、剑池、塔山等胜景，尤以剑池著名，相传为莫邪、干将磨剑之处。池水清澈、飞瀑悬叠，三级而下，为此山最佳之景。莫干山中有200多幢别墅，有“世界近代建筑博物馆”之称。

摄影 / 刘建林

摄影 / 刘建林

雪窦山风景区供图

雪窦山 Mount Xuedou

风景名胜区

浙江省 Zhejiang Province

概述

雪窦山风景名胜区位于浙江省宁波市，总面积54.98平方公里，是以名人、名刹、名山水为主要景观的纪念地类风景区。其中心位置的地理坐标为29° 41' N，121° 13' E。

1994年被国务院批准为国家级风景名胜区。

Mount Xuedou National Scenic and Historic Area is in Ningbo City, Zhejiang Province, covering the area of 54.98 square kilometers. It belongs to the type of Memorial Places. Its outstanding feature is mountain and river scenery integrated with sites of Buddhism. Its central longitude and latitude is 29° 41' N and 121° 13' E.

It was established in 1994 with the approval of the State Council of China.

风景特点与资源价值

雪窦山，因“山上有乳峰，乳峰有窦，水从窦出，色白如乳，故泉名乳泉，窦称雪窦”而得名。雪窦山晋代就有僧尼居住，雪窦资圣禅寺位列宋“五山十刹”、明“天下禅宗十大名刹”之一，为佛教盛典圣地。

溪口历史悠久，被誉为“千年古镇”，也是蒋介石、蒋经国的故里。由宋至今，已有悠悠千余年，镇上史迹纷呈。远可溯及雪窦山前的入山古道、御书宋碑、南宋丞相魏杞墓园、文昌阁旧址，近可及民国时期的蒋母墓道、武岭门、丰镐房等。

摄影/陈小军

双龙 Shuanglong

风景名胜区

概述

双龙风景名胜区位于浙江省金华市，总面积79.7平方公里，是以与山水道教文化相融合的溶洞为主要景观的岩洞类风景区。其中心位置的地理坐标为29° 12' N，119° 39' E。

1994年被国务院批准为国家级风景名胜区。

Shuanglong National Scenic and Historic Area is in Jinhua City, Zhejiang Province, covering the area of 79.7 square kilometers. It belongs to the type of Caves. Its outstanding feature is karst cave scenery integrated with Taoism culture. Its central longitude and latitude is 29° 12' N and 119° 39' E.

It was established in 1994 with the approval of the State Council of China.

风景特点与资源价值

双龙风景名胜区以优美的山水风光和溶洞奇观为特色，山水与道教文化相融合。区内以喀斯特溶洞为主体地貌景观。双龙为中国道教重要的洞天福地之一，发端于此的“黄大仙”传说，富有神秘的传奇色彩，在中国香港、中国台湾及东南亚等地影响较大。

Xiandu

仙都 风·景名胜区

概述

仙都风景名胜区位于浙江省丽水市，总面积166.2平方公里，是以单面山、石笋、石柱等火山岩地貌，独峰书院等历史遗址为主要景观的山岳类风景区。其中心位置的地理坐标为28° 41' N，120° 08' E。

1994年被国务院批准为国家级风景名胜区。

Xiandu National Scenic and Historic Area is in Lishui City, Zhejiang Province, covering the area of 166.2 square kilometers. It belongs to the type of Mountains. Its outstanding feature is volcanic landscape integrated with historical sites. Its central longitude and latitude is 28° 41' N and 120° 08' E.

It was established in 1994 with the approval of the State Council of China.

风景特点与资源价值

仙都风景名胜区以奇峰曲溪、山水神秀如仙境为特色。仙都风景区处于古火山口内，有特殊的火山岩地貌景观。景区内有唐代李阳冰篆书的“倪翁洞”石刻和朱熹讲学的独峰书院等。

摄影／朱礼平

浙江省 Zhejiang Province

江郎山 Mount Jianglang

名胜区·风景区

概述

江郎山风景名胜区位于浙江省江山市，总面积51.39平方公里，是以丹霞石墙、岩洞云瀑为主要景观的山岳类风景区。其中心位置的地理坐标为28° 32' N，118° 33' E。

2002年被国务院批准为国家级风景名胜区。

2010年作为“中国丹霞”的重要组成部分，以“世界自然遗产”列入联合国教科文组织的《世界遗产名录》。

Mount Jianglang National Scenic and Historic Area is in Jiangshan City, Zhejiang Province, covering the area of 51.39 square kilometers. It belongs to the type of Mountains. Its outstanding feature is outstanding Danxia landscape integrated with caves, waterfalls and clouds. Its central longitude and latitude is 28° 32' N and 118° 33' E.

It was established in 2002 with the approval of the State Council of China and listed as the World Heritage site by UNESCO with an important part of "China Danxia" in 2010.

风景特点

江郎山的丹霞地貌以三爿石峰丛、一线天巷谷和三爿石构成的丹霞石墙最具特色，不仅集奇、险、陡、峻于三石，聚岩、洞、云、瀑于一山，雄伟奇特蔚为壮观，且群山苍莽、林木叠翠、窟隐龙潭、泉流虎跑、风光旖旎，景观变化多样。

资源价值

江郎山人文景观十分丰富，主要有北宋开明禅寺和江郎书院，以及古道雄关仙霞关烟霞亭、历史名镇廿八都、戴笠故居等。

摄影/沈天法

江郎山以雄伟奇特的“三爿石”著称于世，拥有中国丹霞第一奇峰、全国之最的一线天、天然造化的伟人峰、惊险陡峭的郎峰天游，千年古刹开明禅寺、千年学府江郎书院、全国最大的毛泽东手书体“江山如此多娇”摩崖石刻、“烟霞亭”等景点景观一百余处。

仙居

风景·名胜区

Mount Xianju

浙江省 Zhejiang Province

概述

仙居风景名胜区位于浙江省台州市，总面积158平方公里，是以方山、绝壁、奇峰、异石为特色的流纹岩地貌为主要景观的山岳类风景区。其中心位置的地理坐标为28° 39' N，120° 35' E。

2002年被国务院批准为国家级风景名胜区。

Xianju National Scenic and Historic Area is in Taizhou City, Zhejiang Province, covering the area of 158 square kilometers. It belongs to the type of Mountains. Its outstanding feature is rhyolite landform integrated with forests and rivers. Its central longitude and latitude is 28° 39' N and 120° 35' E.

It was established in 2002 with the approval of the State Council of China.

风景特点

仙居风景名胜区是以方山、绝壁、奇峰、异石等特色流纹岩地貌，中亚热带常绿阔叶林和溪流潭瀑所构成的自然景观为基础，并与丰富的传统文化融为一体的山岳类国家级风景名胜区。

资源价值

仙居具有灿烂的人文景观，包括千年龙形古街皤滩、规模宏大的高迁古民居、深邃悠远的下汤文化遗址以及中国八大古文字之一"蝌蚪文"。

仙居植被类型为中亚热带常绿阔叶林带，区内阔叶林是目前括苍山系保存最为完整的一片常绿阔叶林。

摄影/孔阿照

方岩风景区供图

方岩

风景名胜区

Fangyan

概述

方岩风景名胜区位于浙江省永康市，总面积152.8平方公里，是以丹崖翠谷、绝壁洞穴的丹霞地貌、书院文化和胡公信仰为主要景观的山岳类风景区。其中心位置的地理坐标为28° 53' N，120° 10' E。

2004年被国务院批准为国家级风景名胜区。

Fangyan National Scenic and Historic Area is in Yongkang City, Zhejiang Province, covering the area of 152.8 square kilometers. It belongs to the type of Mountains. Its outstanding feature is Danxia Landscape integrated with school culture and Hugong worship culture. Its central longitude and latitude is 28° 53' N and 120° 10' E.

It was established in 2004 with the approval of the State Council of China.

风景特点

方岩山体平地拔地而起，四面如削，悬崖峭壁，直矗云天，由于峰顶面与山脚面相差无几，远望如城堡方山。

方岩是典型的丹霞地貌，以雄、奇、险、秀、幽、奥为特点。另外，由于丹霞峰岩独特的色彩和针阔混交林的色彩相辉映，在春、夏、秋、冬均能呈现出色彩斑斓的画面，展现出独特的色彩美。

资源价值

方岩见证了唐代佛教的鼎盛、北宋道教的中兴、南宋儒学的发展。岩洞书院是天人合一哲学理念的具体化、生活化的体现，具有很高的文化价值。以方岩为中心的胡公大帝民间信仰，在浙江有着广泛的民间基础。

Baizhang Waterfall and Feiyun Lake

百丈漈—飞云湖 风景名胜区

概述

百丈漈—飞云湖风景名胜区位于浙江省温州市，总面积137.16平方公里，是以雄奇百瀑、天顶秀湖、刘基（伯温）故里为主要景观的湖泊类风景区。其中心位置的地理坐标为27° 47' N，120° 01' E。年均降水量1884.7毫米，年均气温13.7摄氏度。

2004年被国务院批准为国家级风景名胜区。

Baizhangji and Feiyun Lake National Scenic and Historic Area is in Wenzhou City, Zhejiang Province, covering the area of 137.16 square kilometers. It belongs to the type of Lakes. Its outstanding feature is fantastic scenery of the lake and hundreds of waterfalls integrated with the former residence of Liuji (Bowen). Its central longitude and latitude is 27° 47' N and 120° 01' E. The average yearly precipitation of the park is 1884.7 mm, and the mean yearly temperature is 13.7 ℃.

It was established in 2004 with the approval of the State Council of China.

风景特点与资源价值

百丈—飞云湖风景名胜区地势自西北向东南倾斜，深山峡谷纵横，以百瀑雄奇、峡谷险幽、天顶秀湖为特色。

景区中南田古镇现有刘基庙、宋相周必大墓、北宋名宰相富弼的相国寺等历史古迹。

摄影 / 邱珍钱

摄影 / 邱珍钱

富春江—新安江风景区供图

Fuchun River and Xin'an River

富春江—新安江 风·景名胜区

概述

富春江—新安江风景名胜区位于浙江省杭州市，景区总面积1423平方公里，是以山清水秀的自然风光和保存完好的古建筑古村落为主要景观的江河类风景区。其中心位置的地理坐标为29° 45′ N，119° 25′ E。年均降水量2000毫米，年均气温17摄氏度。

1982年被国务院批准为国家级风景名胜区。

富春江-新安江风景区供图

Fuchun River and Xin'an River National Scenic and Historic Area is in Hangzhou City, Zhejiang Province, covering the area of 1423 square kilometers. It belongs to the type of Rivers. Its outstanding feature is scenery of natural mountains and rivers integrated with ancient buildings and villages. Its central longitude and latitude is 29° 45' N and 119° 25' E.

Its average yearly precipitation is 2000 mm, and the mean yearly temperature is17 ℃.

It was established in 1982 with the approval of the State Council of China.

风景特点与资源价值

富春江—新安江风景名胜区以"碧湖千岛、锦山秀水、文丰史悠、生态优良"为特色，优美的自然山水风光独树一帜，具有悠久的历史文化传统。新安江素有"锦峰秀岭，山水之乡"的美誉。富春江则有"天下佳山水，古今推富春"之誉。

富春江—新安江区域历史上名人辈出，留下了无数的活动遗迹、书画诗词、传说、典故。以泷江—新安江为中心的浙西水上游路，是我国历史上一条不可多得的"水上唐诗之路"。

富春江—新安江风景区供图

富春江-新安江风景区供图

雁荡山

风景名胜区

Mount Yandang

浙江省 Zhejiang Province

摄影/缪云飞

摄影/郑高华

概述

雁荡山风景名胜区位于浙江省温州市，景区总面积406.63平方公里，是以典型的流纹岩火山地貌、奇山俊水和摩崖石刻为主要景观的特殊地貌类风景区。其中心位置的地理坐标为28° 05' N，120° 42' E。年均降水量1900毫米，年均气温17.5摄氏度。

1982年被国务院批准为国家级风景名胜区。

Mount Yandang National Scenic and Historic Area is in Wenzhou City, Zhejiang Province, covering the area of 406.63 square kilometers. It belongs to the type of Specified Landforms. Its outstanding feature is typical rhyolite volcanic landform integrated with poems and inscriptions on precipices. Its central longitude and latitude is 28° 05' N and 120° 42' E. The average yearly precipitation of the park is 1900 mm, and the mean yearly temperature is 17.5 ℃.

It was established in 1982 with the approval of the State Council of China.

风景特点与资源价值

雁荡山风景名胜区以流纹岩火山地质为基础，以峰、洞、嶂、瀑、“门”为特色。文人墨客于此赋诗作画，留下的大批作品，都是宝贵的历史文化遗产。雁荡山森林植被类型多样。

摄影／叶金涛

摄影／叶金涛

天姥山

风景名胜区

Mount Tianmu

浙江省 Zhejiang Province

摄影／徐洁宽

概述

天姥山风景名胜区位于浙江省绍兴市，总面积143.13平方公里，是以佛道文化、唐诗文化为内涵，以石窟造像、丹霞地貌、火山岩地貌为主要景观的山岳类风景区。其中心位置的地理坐标为29° 33′ N，120° 56′ E。

2009年被国务院批准为国家级风景名胜区。

Mount Tianmu National Scenic and Historic Area is in Shaoxing City, Zhejiang Province, covering the area of 143.13 square kilometers. It belongs to the type of Mountains. Its outstanding feature is mountain scenery of caves, Danxia landform integrated with Tang Poem culture, Buddhism and Taoism culture. Its central longitude and latitude is 29° 33′ N and 120° 56′ E.

It was established in 2009 with the approval of the State Council of China.

风景特点与资源价值

天姥山风景名胜区融人文景观与自然山水于一体，以石窟造像、丹霞地貌、火山岩石地貌为特色，具有佛道文化、唐诗文化、茶道文化和山水文化内涵。

天姥山风景区地质遗迹构成独特的自然风景，丹霞地貌、百崖天烛地貌、玄武岩残留台地地貌，构成了“千岩竞秀、万壑争流”的山水画卷。

大佛寺石弥勒佛像和千佛岩1070余尊小佛是中古时期佛教造像艺术的巅峰，与北方敦煌石窟、洛阳龙门石窟、甘肃麦积山石窟均为同期石窟艺术，是古代文化瑰宝。

方山—长屿硐天

Mount Fang and Changyudongtian

名胜区 风·景区

摄影／于广明

概述

方山—长屿硐天风景名胜区位于浙江省温岭市，总面积26.06平方公里，是以古火山口火山地貌、方山流纹岩质火山台地景观和长屿采石文化为主要景观的特殊地貌类风景区。其中心位置的地理坐标为28° 25′ N，121° 20′ E。

2005年被国务院批准为国家级风景名胜区。

Mount Fang and Changyudongtian National Scenic and Historic Area is in Wenling City, Zhejiang Province, covering the area of 26.06 square kilometers. It belongs to the type of Specified Landforms. Its outstanding feature is rhyolite volcanic landform integrated with quarry culture. Its central longitude and latitude is 28° 25′ N and 121° 20′ E.

It was established in 2005 with the approval of the State Council of China.

风景特点与资源价值

方山—长屿硐天风景名胜区以古火山口火山地貌为基础，融合了绝壁千仞的方山火山岩台地景观和千百年来人工开采形成的硐天石文化景观。长屿硐天地质独特，硐群规模宏大，采石历史自南北朝以来，历经1500余年，共留下28个硐群，1314个硐窟。

浣江—五泄

Huan River and Wuxie Waterfall

风景名胜区

概述

浣江—五泄风景名胜区位于浙江省诸暨市，总面积73.44平方公里，是以五泄瀑布和西施故里为主要景观的江河类风景区。其中心位置的地理坐标为29° 40'N，120° 05'E。

2002年被国务院批准为国家级风景名胜区。

Huanjiang and Wuxie National Scenic and Historic Area is in Zhuji City, Zhejiang Province, covering the area of 73.44 square kilometers. It belongs to the type of Rivers. Its outstanding features are the Wuxie waterfalls and the former residence of Xishi. Its central longitude and latitude is 29° 40' N and 120° 05' E. It was established in 2002 with the approval of the State Council of China.

风景特点与资源价值

浣江—五泄风景名胜区为低山丘陵地带，海拔最高处大岭尖948.9米，其间沟壑深切，峰岩多姿，山林茂密，瀑潭奇丽。五泄景区风景地貌景观以飞瀑流泉、深切幽谷、高峡平湖为特色。五泄的“坪”是古阶地，连接坪可以恢复古流向，具有典型的地学意义。斗岩、汤江岩景区为构造—侵蚀丹霞地貌丘陵区。

浣江—五泄风景区具有五泄禅寺、沈家祠堂、西施殿等人文景观，在民间影响广泛。

Great Red Rock

大红岩 风·景名胜区

概述

大红岩风景名胜区位于浙江省金华市，总面积50.5平方公里，是依托丹霞绝壁和古村落的特殊地貌类风景名胜区。

2012年被国务院批准为国家级风景名胜区。

Great Red Rock National Scenic and Historic Area is in Jinhua City, Zhejiang Province, covering the area of 50.5 square kilometers. It belongs to the type of Specified Landforms. Its outstanding features are Danxia landform and ancient villages.

It was established in 2012 with the approval of the State Council of China.

风景特点与资源价值

大红岩风景名胜区丹霞地貌类型多样，赤壁洞穴规模巨大，其赤壁丹岩、椅状崖壁、丹霞背斜、洞穴裂隙等自然景源，对于研究区域地质地貌的演化过程具有较高的科学价值。

传统村落和耕读文化景观突出，古村落历史悠久，格局清晰完整，民居建筑保存良好。郭洞、俞源两个古村对于研究农村聚落发展演变规律和浙中传统民居建筑有着重要意义。

摄影/陆宗寅

摄影/吴维康

摄影／邓根宝

安徽省 Anhui Province

黄山风景名胜区
九华山风景名胜区
天柱山风景名胜区
琅琊山风景名胜区
齐云山风景名胜区
采石风景名胜区
巢湖风景名胜区
花山谜窟—渐江风景名胜区
花亭湖风景名胜区
太极洞风景名胜区

Mount Huang National Scenic and Historic Area
Mount Jiuhua National Scenic and Historic Area
Mount Tianzhu National Scenic and Historic Area
Mount Langya National Scenic and Historic Area
Mount Qiyun National Scenic and Historic Area
Caishi National Scenic and Historic Area
Chao Lake National Scenic and Historic Area
Huashan Mysterious Grottoes and Jian River National Scenic and Historic Area
Huating Lake National Scenic and Historic Area
Taiji Cave National Scenic and Historic Area

安徽省 Anhui Province

黄山

风景名胜区

皖

Mount Huang

概述

黄山风景名胜区位于安徽省南部黄山市，总面积160.6平方公里，是以奇松、怪石、云海、温泉、佛教文化、诗画文化为主要景观的山岳类风景区。其中心位置的地理坐标为30° 01' N，118° 01' E。

1982年被国务院批准为国家级风景名胜区。

1990年被联合国教科文组织列入《世界遗产名录》。

Mount Huang National Scenic and Historic Area is in Huangshan City, south of Anhui Province, covering the area of 160.6 square kilometers. It belongs to the type of Mountains. Its outstanding feature is fantastic mountain scenery integrated with pine trees, stones, cloud sea and hot springs,Buddhism culture, poem and painting culture. Its central longitude and latitude is 30° 01' N and 118° 01' E.

It was established in 1982 with the approval of the State Council of China and listed as the World Heritage site by UNESCO in 1990.

风景特点

黄山奇在峰、石、松、云的奇妙结合，美在它们之间的有机结合。

黄山山峰高峻宏大，巧石纤细挺拔，巨细对比，景观生动而富于变化。石浑厚而质朴，松苍劲而洒脱，松得石而刚，石得松而灵。奇特的峰、石、松等静景与云雾的聚散、升降、奔涌、明灭等动景交融，使景观虚实相生，瞬息万变，给人以无限的遐想。

黄山水景亦很丰富，有九折瀑、凝碧潭、百丈泉、人字瀑、逍遥溪等。玉屏峰、天都峰、莲花峰、北海、始信峰、云谷寺及松谷庵等景区，无不以它们独特的景观令人陶醉。

摄影／邓根宝

资源价值

黄山是典型的山岳风景区，奇松、怪石、云海和温泉被称为“黄山四绝”。黄山的主体由花岗岩侵入体构成，花岗岩出露面积约占风景区面积的80%。花岗岩风景地貌特色，形成了黄山风景的主体景观，可以说黄山风景的自然美，就是黄山地貌美的总体反映。

黄山多雨，其飞瀑十分壮观，丰富的水资源造就了黄山丰富的植物资源，溪沟飞瀑组成了奇妙的自然景观。

黄山人文景观资源，包括宗教文化、古代建筑、摩崖石刻、名人游踪和大量以诗、词、歌、赋、画、影像为主要内容的文学艺术等。古往今来，游览黄山的名人不可胜数。他们在观赏风景、陶冶情操的同时，也留下了诸多包括诗词、歌赋、散文、游记、史志等文艺作品。仅就赞美黄山的诗词，从盛唐到晚清的1200多年时间里，至今传世的约有2万多首。李白曾留有“黄山四千仞，三十二莲峰；丹崖夹石柱，菡萏金芙蓉”的诗句。

据《徽州古树》记载，黄山古树约有110种，隶属42 科，有唐代的银杏、宋代的松、元代的榉，明清两代不胜枚举，“黄山十大名松”最负盛名。黄山被誉为“华东动植物宝库”，观赏植物众多。黄山的动物资源也十分丰富，已知的有野生高等动物297 种，其中属于国家一级保护动物的有6种。

摄影／邓根宝

摄影／邓根宝

Mount Jiuhua

九华山

名胜·风景区

皖

安徽省 Anhui Province

概述

九华山风景名胜区位于安徽省池州市，总面积120平方公里，是以地藏王菩萨道场、壮美的山峰景观为主要景观的历史圣地类风景区。其中心位置的地理坐标为30° 32′ N，117° 50′ E。

1982年被国务院批准为国家级风景名胜区。

Mount Jiuhua National Scenic and Historic Area is in Chizhou City, Anhui Province, covering the area of 120 square kilometers. It belongs to the type of Sacred Places. Its outstanding feature is outstanding granite mountain landscape integrated with Buddhist culture(monastery of kshitigarbha bodhisattva), known as one of the four sacred Buddhist mountains in China. Its central longitude and latitude is 30° 32′ N and 117° 50′ E.

It was established in 1982 with the approval of the State Council of China.

风景特点

九华山全山有99峰，其中以天台、莲花、天柱、十王等九峰最雄伟。主峰十王峰海拔1342米，气势磅礴，横立天廓，颇有“拔地千峰秀，盘空万笏分”的超众势态。

“九华一千寺，洒在云雾中”的“莲花佛国”，构成了九华山人文景观的最大特色。九华山寺庙建筑不仅在布局上与自然融为一体，而且在风格上朴实素雅，具有浓郁的民居特色。

摄影／何清

摄影／何清

特色主题

凤凰松位于九华山中闵园，是九华山的一大景观。松高 7.68 米，胸径 1 米，造型奇特，恰似凤凰展翅，故名。主干扁平翘首，如同凤冠，两股枝干一高一低， 状似凤尾，根部周围绿草如茵，松尾下有很大的圆石，人称“凤凰蛋”。这棵凤凰古松，史载见于南北朝，距今已有 1400 年的历史，如今仍然枝挺、叶茂、苍 翠。（摄影／何清）

资源价值

九华山为皖南斜列的三大山系（黄山、九华山、天目山—白际山系）之一，主体是花岗岩。九华山植被茂密，蕴藏着丰富的动植物资源。

九华山是中国四大佛教名山之一，在中国佛教文化发展史上占有重要地位。唐朝时即辟为地藏王菩萨道场，历代帝王多有封谕赐赠，有“莲花佛国”之称。九华山现存各类历史文物2000余件，九华山文物馆珍藏的贝叶真经、明《藏经》、明代血经、谛听等法器和藏经在佛教界具有很大影响。

九华山以奇、秀著称，为皖南群峰中一颗璀璨的明珠，为历代名人雅士所青睐。从唐至清，九华山便相继建有费冠卿书堂、太白书堂、滕子京书堂、阳明书院、天柱山房等众多书院。九华山现存历代的诗词歌赋绘画作品500多篇（幅），有古书院、书堂遗址20多处。宗教文化与山水文化的交融使九华山成为一座历史悠久、积淀深厚的文化名山。

摄影／何清

摄影/宋举浦

天柱山 Mount Tianzhu

风景名胜区

概述

天柱山风景名胜区位于安徽省安庆市，总面积102.72平方公里，是以天柱峰和佛道文化为主要景观的山岳类风景区。其中心位置的地理坐标为30° 43' N，116° 27' E。

1982年被国务院批准为国家级风景名胜区。

Mount Tianzhu National Scenic and Historic Area is in Anqing City, Anhui Province, covering the area of 102.72 square kilometers. It belongs to the type of Mountains. Its outstanding feature is mountain scenery with steep Tianzhu Peak integrated with Buddhism and Taoism culture. Its central longitude and latitude is 30° 43' N and 116° 27' E.

It was established in 1982 with the approval of the State Council of China.

风景特点

天柱山，又称霍山、潜山、皖山、皖公山，因峰峻拔高耸似柱擎天而得名。其南坡缓而秀丽，北坡陡而险峻，山间巨大的球形花岗岩块形成特有的景观，马祖寺就处于这些神奇的巨石环境中。天柱山的奇观还在海拔1000米以上，这里原生植被未受破坏，古松奇峰，令人惊叹。最为雄伟的还是天柱峰，此峰与众不同，高大挺拔、全身石骨、尘土不染，崛起于众山巅，可望而不可及，故有“天柱归来不看峰”之说，不愧为“南天一柱”。

资源价值

天柱山在大地构造上属阳淮古陆，与江南古陆隔江对峙，是安徽省地形强烈隆起的部分。天柱山基本上由两类岩石所构成：一为二长片麻岩，分布于山麓一带；另一为万山岩体——混合花岗岩。

天柱山为古皖文化荟萃地，人文景观博大精深。道教尊天柱山为第14洞天、57福地，佛教禅宗二祖、三祖曾在此往来驻锡。唐佛光寺、南梁山谷寺显赫一时。李白、白居易、苏轼、王安石、黄庭坚等文人墨客存留的近400方摩崖碑刻，集历代文学和书法之精华。石牛古洞摩崖石刻之多之精，名冠安徽全省；薛家岗古文化遗址，将新石器时期原始风光重现。

天柱山地处大别山南部植被区，天柱山属亚热带北缘常绿阔叶林地带，植物种类丰富，有一级稀有的水杉，二级稀有的银杏、香果树。天柱山野生动物有300多种，其中大鲵、白冠长尾雉、小灵猪等，均为国家保护的珍稀动物。

摄影／宋宰浦

摄影／葛亮

琅琊山

风景名胜区

Mount Langya

安徽省 Anhui Province

概述

琅琊山风景名胜区位于安徽省滁州市，总面积180平方公里，是以秀丽山色、诗赋题咏为主要景观的纪念地类风景区。其中心位置的地理坐标为32° 18' N，118° 13' E。

1988年被国务院批准为国家级风景名胜区。

Mount Langya National Scenic and Historic Area is in Chuzhou City, Anhui Province, covering the area of 180 square kilometers. It belongs to the type of Memorial Places. Its outstanding feature is mountain scenery integrated with poem culture. Its central longitude and latitude is 32° 18' N and 118° 13' E.

It was established in 1988 with the approval of the State Council of China.

风景特点与资源价值

琅琊山景色秀丽，文化渊源久远，历代无数文豪墨客、达官显贵为其赋诗题咏、挥毫泼墨，留下了大量不朽的文化遗产。碑、碣、摩崖碑刻已有拓片的即有300余块，上至唐代，下至民国，可谓“唐宋元明清，从古看到今”，为研究文史和书法艺术提供了丰富的史料。

琅琊山主体部分由石灰岩、砂页岩构成。醉翁亭、琅琊寺一带连绵数公里分布有保存完整的天然次生林。

摄影/江凯

摄影／江凯

齐云山 风·景名胜区

Mount Qiyun

概述

齐云山风景名胜区位于安徽省黄山市，总面积110.4平方公里，是以道教文化和丹霞地貌景观为主要景观的历史圣地类风景区。其中心位置的地理坐标为29° 49' N，118° 04' E。

1994年被国务院批准为国家级风景名胜区。

Mount Qiyun National Scenic and Historic Area is in Huangshan City, Anhui Province, covering the area of 110.4 square kilometers. It belongs to the type of Sacred Places. Its outstanding feature is outstanding landscape of Danxia landform integrated with culture of Taoism and pastoral scenery. Its central longitude and latitude is 29° 49' N and 118° 04' E.

It was established in 1994 with the approval of the State Council of China.

摄影/张伟

风景特点与资源价值

齐云山海拔1000余米，是我国丹霞地貌中最高的山岳之一。

自晋朝至今，有摩崖石刻和碑刻537处，主要分布于真仙洞府、石桥岩和紫霄崖一带。其中，紫霄崖下明代江南大才子唐寅所书的《紫霄宫玄帝碑铭》，高二丈四，字迹工整，风格苍劲，气势雄伟，堪称古碑精品。

齐云山又是道家的“桃源洞天”，为著名道教名山之一，曾被列为七十二福地之内。

采石风景区供图

采石 Caishi

风景名胜区

概述

采石风景名胜区位于安徽省马鞍山市，总面积64.85方公里，是以丰富的历史文化和“翠螺浮大江”的山岳景观为主要景观的山岳类风景区。其中心位置的地理坐标为31° 32' N，118° 38' E。

2002年被国务院批准为国家级风景名胜区。

Caishi National Scenic and Historic Area is in Ma' anshan City, Anhui Province, covering the area of 64.85 square kilometers. It belongs to the type of Mountains. Its outstanding feature is outstanding mountain scenery of Mount Cuiluo on the Yangtze River integrated with historical and cultural background like Poet Li Bai. Its central longitude and latitude is 31° 32' N and 118° 38' E.

It was established in 2002 with the approval of the State Council of China.

风景特点与资源价值

采石风景名胜区以采石矶地貌与宗教文化闻名于世。现存的广济寺，初创于三国时孙吴赤乌三年（239年），是我国最早的佛寺之一。

采石风景区供图

Chao Lake

巢湖 风·景名胜区

概述

巢湖风景名胜区位于安徽省合肥市，总面积1299.64方公里，是以集湖光、山色、岛景、林秀、洞奇和文萃为一体的巢湖风光为主要景观的湖泊类风景区。其中心位置的地理坐标为31° 34' N，117° 33' E。

2002年被国务院批准为国家级风景名胜区。

Chaohu National Scenic and Historic Area is in Hefei City, Anhui Province, covering the area of 1299.64 square kilometers. It belongs to the type of Lakes. Its outstanding feature is

Chaohu Lake scenery integrated with mountains, islands, forests, caves and cultural heritage. Its central longitude and latitude is 31° 34' N and 117° 33' E.

It was established in 2002 with the approval of the State Council of China.

风景特点与资源价值

风景区内的人文景观底蕴厚重，影响较大的有银山猿人遗址、神墩文化遗址、龙潭洞猿人遗址、西汉古墓群等。

巢湖风景区供图

巢湖风景区供图

花山谜窟—渐江风景区供图

花山谜窟—渐江

Huashan Mysterious Grottoes and Jian River

名胜区·风景

概述

花山谜窟—渐江风景名胜区位于安徽省黄山市，总面积61.2平方公里，是以花山石窟群、石林和徽文化为主要景观的岩洞类风景区。其中心位置的地理坐标为29° 47' N，118° 24' E。

2002年被国务院批准为国家级风景名胜区。

Huashan Miku and Jianjiang National Scenic and Historic Area is in Huangshan City, Anhui Provinco,covoring thc arca of 61.2 square kilometers. It belongs to the type of Caves. Its outstanding feature is caves and stone forest of Mount Huashan and Hui culture. Its central longitude and latitude is 29° 47' N and 118° 24' E.

It was established in 2002 with the approval of the State Council of China.

风景特点与资源价值

花山谜窟—渐江风景名胜区地处黄山市，该地域因其独特的地理、经济等条件形成的徽文化（古称新安文化），在中国文化史上占有重要的地位。

沿渐江两岸有众多的皖南古村落，诸如雄村、南溪南、篁墩、浯村、烟村等。同时，又有大量的文化建筑，书院、楼阁、祠堂、牌坊、古塔以及与园林杂陈其间，整个景区富有文化气息和园林情趣。

花亭湖

风景名胜区

皖

Huating Lake

概述

花亭湖风景名胜区位于安徽省安庆市，地处大别山南麓、长江北岸，总面积257平方公里，是以禅宗文化、湖光山色、岛屿风光为主要景观的湖泊类风景区。其中心位置的地理坐标为30° 28′ N，116° 06′ E。

2005年被国务院批准为国家级风景名胜区。

Huating Lake National Scenic and Historic Area is in Anqing City, Anhui Province, covering the area of 257 square kilometers. It belongs to the type of Lakes. Its outstanding feature is lake scenery integrated with islands and mountains; Buddhist culture. Its central longitude and latitude is 30° 28′ N and 116° 06′ E.

It was established in 2005 with the approval of the State Council of China.

风景特点与资源价值

花亭湖风景名胜区受地质构造的控制，西北高，东南低。流水作用形成了地面河流密布、沟谷纵横、波状起伏、岗冲相间的形势，形成了风景名胜区山川纵横、山水相映、绚丽多姿的地貌、水文景观。

风景名胜区人文景观底蕴深厚，禅宗文化博大精深。狮子山被誉为中国佛教禅宗文化的发祥地，晋佛图寺、唐西风禅寺、“淮西第三禅刹”海会寺等一大批寺庙正是这一崇高荣誉的真实体现。

花亭湖风景区供图

太极洞 Taiji Cave

风景名胜区

安徽省 Anhui Province

概述

太极洞风景名胜区位于安徽省宣城市，总面积22平方公里，是以石灰岩溶洞型地质景观为主要景观的岩洞类风景区。其中心位置的地理坐标为30° 55' N，119° 21' E。

2004年被国务院批准为国家级风景名胜区。

Taiji Cave National Scenic and Historic Area is in Xuancheng City, Anhui Province, covering the area of 22 square kilometers. It belongs to the type of Caves. Its outstanding feature is limestone karst caves. Its central longitude and latitude is 30° 55' N and 119° 21' E.

It was established in 2004 with the approval of the State Council of China.

风景特点

太极洞是华东地区最大的天然溶洞，集天下溶洞之大成，在空间和景观两个方面具有其他溶洞不可替代的丰富性。

资源价值

山地由花岗岩、石英岩、粉砂岩、石灰岩等岩石构成，石灰岩质地层厚，发育了典型的亚热带地下喀斯特溶洞。

太极洞外景物优美，古迹众多。有东汉刘秀避难的“卧龙桥”、三国吕蒙发令的“将军台”、北宋范仲淹涤砚的“涤砚池”、南宋岳飞明志的“剑峡石”等。

太极洞风景区供图

福建省 Fujian Province

鼓浪屿—万石山风景名胜区
太姥山风景名胜区
桃源洞—鳞隐石林风景名胜区
泰宁风景名胜区
鸳鸯溪风景名胜区
海坛风景名胜区
冠豸山风景名胜区
鼓山风景名胜区
玉华洞风景名胜区
十八重溪风景名胜区
青云山风景名胜区
武夷山风景名胜区
清源山风景名胜区
宝山风景名胜区
佛子山风景名胜区
白云山风景名胜区
湄洲岛风景名胜区
灵通山风景名胜区

Gulangyu and Mount Wanshi National Scenic and Historic Area
Mount Taimu National Scenic and Historic Area
Taoyuan Cave and Linyin Stone Forest National Scenic and Historic Area
Taining National Scenic and Historic Area
Yuanyang Stream National Scenic and Historic Area
Haitan National Scenic and Historic Area
Mount Guanzhi National Scenic and Historic Area
Mount Gu National Scenic and Historic Area
Yuhua Cave National Scenic and Historic Area
Eighteen Tributary Streams National Scenic and Historic Area
Mount Qingyun National Scenic and Historic Area
Mount Wuyi National Scenic and Historic Area
Mount Qingyuan National Scenic and Historic Area
Mount Bao National Scenic and Historic Area
Mount Fozi National Scenic and Historic Area
Mount Baiyun National Scenic and Historic Area
Meizhou Island National Scenic and Historic Area
Mount Lingtong National Scenic and Historic Area

摄影／余泽岚

行尽桑麻九曲天，
更寻佳处可留连。

——宋·辛弃疾《游武夷，作棹歌呈晦翁十首》

鼓浪屿—万石山

Gulangyu and Mount Wanshi

名胜区
风·景

福建省 Fujian Province

概述

鼓浪屿—万石山风景名胜区位于福建省厦门市，总面积229.94平方公里，是以花岗岩丘陵和滨海平原地貌为自然特色，以中西文化交融的殖民建筑为主要人文景观的海滨海岛类风景区。其中心位置的地理坐标为24° 28' N，118° 08' E。年均降水量1100毫米，年均气温21.2摄氏度。

1988年被国务院批准为国家级风景名胜区。

Kulangsu and Mount Wanshi National Scenic and Historic Area is in north of Xiamen City, Fujian Province, covering the area of 229.94 square kilometers. It belongs to the type of Seashores and Islands. Its outstanding features are granite hills and coastal plain integrated with colonial architectures in a mixed Chinese and western style. Its central longitude and latitude is 24° 28' N and 118° 08' E. The average yearly precipitation of the park is 1100 mm, and the mean yearly temperature is 21.2 ℃.

It was established in 1988 with the approval of the State Council of China.

风景特点

鼓浪屿—万石山风景名胜区山海相融、城景相依，素有“海上花园”之美誉，是厦门的一张金质名片。万石山与鼓浪屿这两座花岗岩丘陵，满布着裸露的球状岩石以及经海蚀作用而形成的丰富的造型地貌，构成种种以石为主的景观。人们以自己特有的审美情趣，利用摩崖石刻，赋顽石以文化艺术生命。

资源价值

鼓浪屿—万石山风景名胜区为花岗岩丘陵和滨海平原地貌，以丘陵地形为主。风景名胜区内有多处岛屿和礁石，其中以鼓浪屿为最著名，岛上以日光岩为制高点。景区地势中间高、四周低，形成多处靠山面海的区域，视野开阔，景观多样。

鸦片战争以后，厦门成为五口通商口岸之一，西方人开始进入鼓浪屿传教和从事经贸活动，先后有十几个国家在此设立领事馆。1903年鼓浪屿正式成为多国共管的公共租界，中西文化碰撞交融，在鼓浪屿留下深刻的历史印记。岛上至今保留的国际化公共社区的空间结构、多种功能的社区公共设施和大量欧陆风格、东南亚风格和闽南传统风格的住宅庭院，是中国近现代社会历史变革的见证。

鼓浪屿—万石山风景名胜区还有许多遗址遗迹、摩崖石刻和庙宇。风景名胜区内现有大大小小的庙宇十多座，较大规模的有南普陀寺、鸿山寺、紫竹林寺等。区内还有多处遗址遗迹、摩崖石刻以及纪念雕塑，如郑成功水师台、皓月园郑成功雕塑等。

鼓浪屿—万石山风景名胜区陆域植被属闽南博平岭东南湿热亚热带雨林小区。现有5160多个陆上植物品种和大量的海洋生物。主要的珍稀海洋动物有中华白海豚、厦门文昌鱼等。

摄影／白桦

摄影／白桦

太姥山

Mount Taimu

风景名胜区

福建省

Fujian Province

概述

太姥山风景名胜区位于福建省福鼎市，总面积85.84平方公里，是以融合了东海诸仙传说的花岗岩峰林岩洞为主要景观的山岳类风景区。其中心位置的地理坐标为27° 07' N，120° 11' E。

1988年被国务院批准为国家级风景名胜区。

Mount Taimu National Scenic and Historic Area is in Fuding City, Fujian Province, covering the area of 85.84 square kilometers. It belongs to the type of Mountains. Its outstanding features are granite kegel andturm karst and grottos integrated with lengends of Gods in the East Sea of China. Its central longitude and latitude is 27° 07' N and 120° 11' E.

It was established in 1988 with the approval of the State Council of China.

风景特点

太姥山，相传尧时有一老母种兰于山中，逢道士而羽化仙去，故名“太母”，后又改称“太姥”。太姥山风景名胜区是以花岗岩峰林岩洞为特征，融山、海、川、岛自然景观和人文景观为一体的国家级风景名胜区。

资源价值

太姥山三面临海，传说东海诸仙每岁在此聚会，故有“海上仙都”之称。太姥山形体宏大，山石奇险，与海上岛屿、渔帆相映生辉。摩霄峰海拔 1080 米，巍峨壮观。罕见的花岗岩峰林景观，“峰峰插霄汉，面面青芙蓉”，令人惊叹。有大量神奇的高品位造型石，真所谓“太姥无俗石，个个皆神工。随人意所识，万象在胸中”，如“仙人锯板”、“和尚讲经”、“金猫扑鼠”、“夫妻峰”等，惟妙惟肖，令人目不暇接。峰峦中一系列“走廊式裂隙岩洞”，也是花岗岩山地中所少见的。据调查，洞穴有百余个。

唐宋以来所修建的宫观庙宇和摩崖石刻，为太姥山注入了丰富的历史文化内容。唐宋时，山间有 36 座寺庙。国兴寺建于唐，毁于宋。迄今尚遗 360 根石柱。玉湖庵、璇玑洞为宋理学家朱熹大注经处。山麓冷城乃宋大学者郑樵讲学处，及明抗倭古战场。“一片瓦寺”为唐人所建，寺下有唐玄宗题额“尧封太姥舍利塔”。民间还流传着许多有关太姥山的美丽神话传说。

摄影/施永平

摄影/陈兴华

桃源洞—鳞隐石林

Taoyuan Cave and Linyin Stone Forest

风景名胜区

福建省 Fujian Province

概述

桃源洞—鳞隐石林风景名胜区位于福建省永安市，总面积30.23平方公里，是以丹霞地貌和喀斯特地貌为主要景观的特殊地貌类风景区。其中心位置的地理坐标为26° 03' N，117° 25' E。

1994年被国务院批准为国家级风景名胜区。

Taoyuan Cave and Linyin Stone Forest National Scenic and Historic Area is in Yongan City, Fujian Province, covering the area of 30.32 square kilometers. It belongs to the type of Specified Landforms. Its outstanding features are Danxia landforms and Karst landforms. Its central longitude and latitude is 26° 03' N and 117° 25' E.

It was established in 1994 with the approval of the State Council of China.

风景特点与资源价值

桃源洞是一处以丹霞地貌为特色的风景名胜，沿着沙溪上游有突兀林立的奇峰和盘曲蜿蜒的曲流、沟谷。桃源洞植被丰茂，桃花涧两岸桃花盛开时节，确有“世外桃源”之意境。离桃源洞十数公里，奇峰怪石林立，具有景观奇特的喀斯特地貌处，便是鳞隐石林。景区岩溶发育，千姿百态的溶洞、峰丛、石芽石林、钟乳石，造型各异，美不胜收。

桃源洞—鳞隐石林风景名胜区具有丰富的人文风景资源。庙宇有观音大士殿、马氏仙姑庙、先圣寺等。文人雅士古迹有栟榈书院、皆山书屋、鳞隐书院等。摩崖石刻在风景区中有300多处，特别是“桃源洞口”四个大字，各有2米见方。

摄影／肖守圆

Taining

泰宁 风·景名胜区

福建省 Fujian Province

概述

泰宁风景名胜区位于福建省三明市，总面积136.77平方公里，是以丹霞洞穴和峡谷为主要景观的山岳类风景区。其中心位置的地理坐标为26° 55' N，117° 07' E。

1994年被国务院批准为国家级风景名胜区。

2010年作为“中国丹霞”的重要组成部分，以“世界自然遗产”列入联合国教科文组织的《世界遗产名录》。

Taining National Scenic and Historic Area is in Sanming City, Fujian Province, covering the area of 136.77 square kilometers. It belongs to the type of Mountains. Its outstanding features are Danxia caves and canyons.Its central longitude and latitude is 26° 55' N and 117° 07' E.

It was established in 1994 with the approval of the State Council of China and listed as the World Heritage site by UNESCO with an important part of “China Danxia” in 2010.

风景特点

泰宁风景名胜区以清晰保留的夷平面，密集的网状峡谷和绵延雄浑的青年期丹霞地貌景观为特色，具有优良的湖光山色和森林生态系统自然风景之美。

资源价值

“泰宁丹霞”是中国东南地区青年期丹霞地貌的杰出代表，是白垩纪红层经过第三纪以来多次抬升和长期剥蚀夷平，以流水切割、侵蚀为主因而形成的类型齐全的丹霞，且目前正在发育之中。较完整、显著的古夷平面、规模宏大的深切峡谷群和十分发育的丹霞洞穴是泰宁丹霞的主要特征。

泰宁的佛教源远流长，最早寺庙是建于唐高宗永隆年间（680 ~ 681 年）的朱口感化寺。泰宁寺庙不以恢弘壮观著名，而以其石窟岩寺广布、数量众多为国内少有。泰宁的寺庙建筑多数依丹崖洞穴自然地势而建，是人类合理利用丹霞地貌的典范作品。主要有西汉末期的栖真岩、宋朝的甘露岩寺、元代末期的何宝庵和明代的醴泉禅寺、李家岩寺、宝盖岩寺、丰岩寺、丹霞岩寺等。

泰宁具有丰富的生物多样性，保存了大量全球性和地方性的珍稀濒危物种。

鸳鸯溪

Yuanyang Stream

风景名胜区

福建省 Fujian Province

概述

鸳鸯溪风景名胜区位于福建省宁德市，总面积66平方公里，是以野生动物和山水景观为自然特色，以木拱廊桥为主要人文景观的生物景观类风景区。其中心位置的地理坐标为27° 06' N，119° 04' E。

1994年被国务院批准为国家级风景名胜区。

Yuanyang Stream National Scenic and Historic Area is in Ningde City, Fujian Province, covering the area of 66 square kilometers. It belongs to the type of Bio—landscape. Its outstanding features are its abundant wild animals and lounge bridges with wooden arches. Its central longitude and latitude is 27° 06' N and 119° 04' E.

It was established in 1994 with the approval of the State Council of China.

风景特点与资源价值

风景区地貌分中山、低山、溪谷三类，高峰险峻，坡度大，沟谷切割比较强烈，一般成V形，部分成U形。

鸳鸯溪风景名胜区人文资源丰富。有历史悠久的木拱廊桥，现存有13座，其中万安桥是现存全国最长的木拱廊桥，此外还有千乘桥、龙井桥、广利桥、广福桥、龙津桥等。景区周边的村落多数为具有特色的古代民居，还有天宝寺、鹫峰寺等古寺庙。

风景区内分布有植物600多种，属国家保护植物的有12种；有哺乳类、鸟类、爬行类等野生动物共计100多种，其中属国家保护的有鸳鸯、猕猴、金钱云豹、苏门羚、大蟒蛇、穿山甲、岩燕鹿、白鹇、翠鸟、相思鸟、长尾雉、毛冠鹿等10多种，区内有全球唯一的鸳鸯猕猴自然保护区。

摄影/林久聚

摄影／张剑波

摄影/伊海

海坛

风景名胜区

闽

Haitan

概述

海坛风景名胜区位于福建省福州市，总面积71平方公里，是以海滨沙滩和海蚀地貌为主要景观的海滨海岛类风景区。其中心位置的地理坐标为25° 30′ N，119° 50′ E。

1994年被国务院批准为国家级风景名胜区。

Haitan National Scenic and Historic Area is in Fuzhou City, Fujian Province, covering the area of 71 square kilometers. It belongs to the type of Seashores and Islands. Its outstanding features are natural beaches and marine abrasion landform . Its central longitude and latitude is 25° 30′ N and 119° 50′ E.

It was established in 1994 with the approval of the State Council of China.

风景特点

海坛，因“远望平如坛”而得名，以海岛风光、滩湾沙景、海蚀奇观为景观特征，素有“海滨沙滩冠全国”、“海蚀地貌甲天下”之称。

资源价值

海坛岛地貌类型复杂多样，地貌的层状分布特征明显，海蚀地貌种类齐全、典型奇特、分布广泛。最突出的海蚀地貌景观有国内最大的海蚀柱“半洋石帆”等。

海坛自古至今都是军事要地，自明代的烽火台、古营寨到现代化的坑道堡垒等，都是海坛的重要人文景源。

福建省 Fujian Province

冠豸山 风景名胜区 Mount Guanzhi

概述

冠豸山风景名胜区位于福建省龙岩市，总面积123平方公里，是以丹霞地貌景观为主要景观的山岳类风景区。其中心位置的地理坐标为25° 43' N，116° 48' E。年均降水量1742毫米，年均气温18.8摄氏度。

1994年被国务院批准为国家级风景名胜区。

Mount Guanzhi National Scenic and Historic Area is in Longyan city, Fujian Province, covering the area of 123 square kilometers. Its typical feature is Danxia Landform integrated with Hakka cultural heritage. Its central longitude and latitude is 25° 43' N and 116° 48' E. The average yearly precipitation of the park is 1742mm, and the mean yearly temperature is 18.8 ℃.

It was established in 1994 with the approval of the State Council of China.

冠豸山风景区供图

风景特点与资源价值

冠豸山具有突出的丹霞地貌特征，窄谷幽深，岩墙屏风，气势雄旷，状如莲花，形似冠。冠山景物集中，寿星峦、水门墙、照天烛等景点尤为罕见。山下石门湖，水环山绕，形成山奇、水秀、谷幽、洞迷的特色。文物古迹有二郎书院、东山草堂、半云亭等，摩崖石刻与题匾有 40 多处，包括林则徐题匾“江左风流”。革命遗址有毛泽东、朱德旧居和苏维埃政府旧址等。

冠豸山风景区供图

冠豸山风景区供图

江風山月
天台竹坡李節到此

摄影／李振鹏

鼓山 Mount Gu

风景·名胜区

概述

鼓山风景名胜区位于福建省福州市，总面积49.7平方公里，是以融合了大量的摩崖石刻的构造侵蚀山地景观为主要景观的山岳类风景区。其中心位置的地理坐标为26° 04' N，119° 17' E。年均降水量1742毫米。

2002年被国务院批准为国家级风景名胜区。

Mount Gu National Scenic and Historic Area is in Fuzhou City, Fujian Province, covering the area of 49.7 square kilometers. It belongs to the type of Mountains. Its outstanding feature is tectonic erosion landform integrated with inscriptions on precipices.Its central longitude and latitude is 26° 04' N and 119° 17' E. Its average yearly precipitation is 1742mm.

It was established in 2002 with the approval of the State Council of China.

风景特点与资源价值

鼓山风景名胜区以摩崖石刻、古寺名刹、天风海涛、瀑潭溪泉和山林峰石为景观特色。

鼓山系构造侵蚀低山地貌类型。鼓山的古树名木繁多，鼓岭的“柳杉王”树，有1300 ~ 1400年树龄。

鼓山历史悠久，自宋代以来的摩崖石刻有600余幅。涌泉寺始建于五代十国，寺前的千年陶塔，世间罕见。风景区内还有许多文人墨客的足迹，如朱熹、曾巩等。

Yuhua Cave

玉华洞 风景名胜区

概述

玉华洞风景名胜区位于福建省三明市，总面积43平方公里，是以喀斯特溶洞群为主要景观的特殊地貌类风景区。其中心位置的地理坐标为26° 41' N，117° 31' E。年均降水量1703.7毫米，年均气温18.7摄氏度。

2002年被国务院批准为国家级风景名胜区。

Yuhua Cave National Scenic and Historic Area is in Sanming City, Fujian Province, covering the area of 43 square kilometers. It belongs to the type of Specified Landforms. Its outstanding feature is Karst Caves.Its central longitude and latitude is 26° 41' N and 117° 31' E. The average yearly precipitation of the park is 1703.7mm and the mean yearly temperature is 18.7℃.

It was established in 2002 with the approval of the State Council of China.

风景特点与资源价值

玉华洞风景名胜区具有典型的喀斯特地貌特征，其地貌类型主要有喀斯特丘陵和喀斯特平原（盆谷）。喀斯特丘陵海拔高度多在200～700米之间，相对高差一般在100米左右。丘体多呈短条状或峰林状，丘顶浑圆，大都基岩裸露，部分悬崖峭壁，节理裂隙发育。坡面有石芽、溶沟发育，“山骨凌厉，透露处层层有削玉裁云态”，形态多姿。风化层较薄，发育的红色石灰土类，质地黏重，淋滤作用深，呈微酸性反应。古镛镇、漠源乡、南口乡等地分布的丘陵，溶洞发育，有盲洞和穿洞，并具有成层性，玉华洞、金华洞、银华洞都分布在这里。喀斯特平原（盆谷）是一种负地形，面积较小，分布零散，形状不一，呈长方形、椭圆形的为多。地面较平坦，切割较弱。在平原边缘裂隙发育地带，常有喀斯特泉出露。组成的物质主要是石灰岩溶蚀残余，再经水流作用堆积的碎屑物，土层较厚，所发育的土壤质地黏重，透水性较差。天阶山东北面的狭长盆谷是其代表。

风景名胜区碳酸岩类岩石主要出露于古镛镇、漠源乡、南口乡、安仁乡、高唐镇，岩层较厚，质地较纯。在地表水和地下水的溶蚀和侵蚀作用下，形成独特的地表和地下喀斯特形态。形成溶沟、石芽、溶斗、落水洞、溶蚀洼地、溶蚀盆地、孤峰、溶丘、峰丛、溶洞、地下河及各种钙质沉积的石钟乳、石笋、石幔等形态。

玉华洞风景名胜区的人文资源有宋代大理学家杨时的墓园、玉华洞洞内及洞外的历代名人摩崖题刻、徐霞客的《玉华洞游记》、东南沿海最早的古代人类文化遗址岩仔洞以及各种著名神话传说、特色手工艺作坊、客家民俗文化传统等。

摄影／杨长新

摄影/张向阳

Eighteen Tributary Streams

十八重溪 风·景名胜区

概述

十八重溪风景名胜区位于福建省福州市，总面积69.35平方公里，是以火山岩地形成的重溪为主要景观的江河类风景区。其中心位置的地理坐标为25° 52' N，119° 14' E。

2004年被国务院批准为国家级风景名胜区。

Eighteen Streams National Scenic and Historic Area is in Fuzhou City, Fujian Province, covering the area of 69.35 square kilometers. It belongs to the type of Rivers. Its outstanding feature is tributary streams formed by lava landform. Its central longitude and latitude is 25° 52' N and 119° 14' E.

It was established in 2004 with the approval of the State Council of China.

风景特点

十八重溪，因有十八条支流而得名。十八重溪风景名胜区以火山岩地貌形成的重溪、幽谷、瀑布、柱峰、珍稀生物和古灵文化为特征。

资源价值

十八重溪风景名胜区地貌总体上属于低山丘陵类型，除十八重溪下游河口区为海拔5米左右的狭小平原外，海拔高度多数在500米左右，部分山地海拔在700～800米。整体上，从北向南，山地海拔逐渐升高，一山更比一山高、重峦叠嶂。由于区内地质构造复杂，内外动力作用强烈，发育了“峰林”、“丹霞”、洞穴等独特的火山岩地貌景观。

十八重溪以自然风光为主，也有不少人类历史文化的遗存。当地居民以源于河南固始的陈氏家族为主，陈氏先世随王潮入闽，该地的寺庙，居民信仰、习俗，仍保留着中原汉族的传统。陈氏家族历代为士大夫阶级，其中陈襄（字述古，号古灵）是宋代有名的学者，官至枢密直学士尚书左司郎中，累赠少师。现尚存“古灵王祖殿”和其先祖古墓。部分寺庙的建筑历史已逾千年。

十八重溪风景名胜区地带性植物为南亚热带季风常绿阔叶林，植被覆盖率达95%。风景区深处植被基本保持原生状态，植物种类丰富多样，尤其在第七、第十一重溪发现有天然分布的7株桫椤，属国家一级保护植物，为2.8亿年前孑遗孢子植物，被生物界誉为“活化石”。

Mount Qingyun

青云山 风·景 名胜区

概述

青云山风景名胜区位于福建省福州市，总面积52.5平方公里，是以中生代火山岩地貌为主要景观的山岳类风景区。其中心位置的地理坐标为25° 48' N，118° 57' E。

2004年被国务院批准为国家级风景名胜区。

Mount Qingyun National Scenic and Historic Area is in Fuzhou City, Fujian Province, covering the area of 52.5 square kilometers. It belongs to the type of Mountains. Its outstanding feature is mountain scenery, mainly lava landform formed in the Mesozoic Era. Its central longitude and latitude is 25° 48' N and 118° 57' E.

It was established in 2004 with the approval of the State Council of China.

青云山风景区供图

摄影／胡伟生

风景特点与资源价值

青云山，因“山峰平地拔起，矗立青云”而得名，以地貌景观见长，兼备人文景源。景区内有南宋状元萧国梁的潜心读书处，萧状元故居，古代当地山民为躲避战乱和土匪而修筑的古山寨遗址，闽中游击队30多人长期驻扎的红军洞，明代的白云岩寺、吉祥宫等。

武夷山 Mount Wuyi

风景名胜区

概述

武夷山风景名胜区位于福建省武夷山市，总面积79平方公里，是以丹霞地貌景观为主要景观的山岳类风景区。其中心位置的地理坐标为27° 43′ N，117° 41′ E。年均降水量1650毫米，年均气温17.9摄氏度。

1982年被国务院批准为国家级风景名胜区。

1999年被联合国教科文组织列入《世界遗产名录》。

Mount Wuyi National Scenic and Historic Area is in Wuyishan City, Fujian Province, covering the area of 79 square kilometers. It belongs to the type of Mountains. Its outstanding features are Danxia landforms. Its central longitude and latitude is 27° 43′ N and 117° 41′ E. The average yearly precipitation of the park is 1650 mm, and the mean yearly temperature is 17.9 ℃.

It was established in 1982 with the approval of the State Council of China and listed as the World Heritage site by UNESCO in 1999.

风景特点

世界遗产委员会评价：武夷山脉是中国东南部最负盛名的生物保护区，也是许多古代孑遗植物的避难所，其中许多生物为中国所特有。

摄影/刘达友

九曲溪两岸峡谷秀美，寺院庙宇众多，但其中也有不少早已成为废墟。该地区为宋明理学的发展和传播提供了良好的地理环境。自 11 世纪以来，理学对中国东部地区的文化产生了相当深刻的影响。1 世纪时，汉朝统治者在城村附近建立了一处较大的行政首府，厚重坚实的围墙环绕四周，极具考古价值。

资源价值

武夷山为红色砂砾岩构成的丹霞地貌，景观极为丰富。断裂构造产生了曲折多弯的溪流和柱状、锥状及悬崖等丹霞地貌，形成山水相融的九曲溪风光。

武夷山具有世界同纬度带现存最典型，面积最大，保存最完整的亚热带原生性森林系统。武夷山的已知植物有 3728 种，已知动物有 5110 种。

武夷山拥有一系列价值较高的考古遗址和遗迹，主要有建于公元前 1 世纪的汉城遗址，为西汉闽越国时期的王城，面积达 22 万平方米；架壑船棺，距今 3750 余年，是目前国内外发现的年代最早的悬棺遗址；还有大量的寺庙和与 11 世纪产生的朱子理学相关的书院遗址，是古代朱子理学的摇篮。另外，武夷山现存摩崖石刻 426 幅，年代由宋至清，是武夷山古文化和古书法艺术的宝库。

清源山 Mount Qingyuan

风景名胜区

福建省 Fujian Province

摄影/高泽漳

概述

清源山风景名胜区位于福建省泉州市，总面积62平方公里，是以沿海花岗岩地貌为主要景观的山岳类风景区。其中心位置的地理坐标为24° 57' N，118° 36' E。年均降水量1377毫米。

1988年被国务院批准为国家级风景名胜区。

Mount Qingyuan National Scenic and Historic Area is in Quanzhou City, Fujian Province, covering the area of 62 square kilometers. It belongs to the type of Mountains. Its outstanding feature is coastal granite mountain scenery. Its central longitude and latitude is 24° 57' N and 118° 36' E.

The average yearly precipitation of the park is 1377mm.It was established in 1988 with the approval of the State Council of China.

风景特点

清源山是历史悠久，集内容丰富的石文化、海交文化、宗教文化、建筑文化于一山的国家级风景名胜区。

清源山在宋元时代被誉为“闽海蓬莱第一山”。它三峰耸立，气势雄伟，峰间云雾缭绕；山岩多断层，形成流泉飞瀑绕山转的奇特景观。清源山四季景观各异，“桃李报春，榕荫蔽夏，红叶送秋，松竹伴冬”。

资源价值

清源山属戴云山脉，为西北—东南走向。山上水源丰富，泉眼多，大小水库9个，池塘星罗棋布。

清源山人文景观众多。现存文物中，宋代老君造像是我国尚存的最大道教石雕造像。灵山上有两位穆斯林先贤的圣墓，为伊斯兰教的第三圣迹。还有历代书院、寺庙、宫观以及数百摩崖石刻。

摄影／高泽漳

Mount Bao

宝山 风·景名胜区

概述

宝山风景名胜区位于福建省南平市，总面积89平方公里，是以融合了“大圣文化”的山水风景为主要景观的山岳类风景区。其中心位置的地理坐标为26° 51' N，117° 41' E。

2009年被国务院批准为国家级风景名胜区。

Mount Bao National Scenic and Historic Area is in Nanping City, Fujian Province, covering the area of 89 square kilometers. It belongs to the type of Mountains. Its outstanding feature is mountain scenery integrated with the cultural heritage of the Monkey King, a legendary character in the Journey to the West. Its central longitude and latitude is 26° 51' N and 117° 41' E.

It was established in 2009 with the approval of the State Council of China.

风景特点与资源价值

顺昌县境内山岭耸峙，丘陵起伏，河谷和小盆地错落其间，水系发达，切割强烈，地形复杂多样。

宝山风景名胜区文化历史久远，遗产丰富。其中元代砂岩仿木石结构的宝山禅寺为全国仅存的元代砂岩仿木石构古寺，为全国重点文物保护单位，其附属文物南天门和大圣墓，以及山狸洞摩崖石刻文字等，是研究当地神猴文化及前西游文献不可多得的文化遗迹和实物佐证。

摄影/肖家新

Mount Fozi

佛子山 风·景 名胜区

摄影/宋举浦

概述

佛子山风景名胜区位于福建省南平市，总面积56平方公里，是以包含了众多象形石的山岳峡谷景观为主要景观的山岳类风景区。其中心位置的地理坐标为27° 15' N，119° 03' E。年均降水量1926毫米。

2009年被国务院批准为国家级风景名胜区。

Mount Fozi National Scenic and Historic Area is in Nanping City, Fujian Province, covering the area of 56 square kilometers. It belongs to thc type of Mountains. Its outstanding features are mountains and canyons including a great number of strangely—shaped. Its central longitude and latitude is 27° 15' N and 119° 03' E. The average yearly precipitation of the park is 1926mm.

It was established in 2009 with the approval of the State Council of China.

风景特点与资源价值

具有典型火山岩地貌形成的奇峰怪石、峡谷瀑布、峭壁断崖、云海梯田以及中亚热带森林植被等景观，集国家非物质文化遗产的政和四平戏以及独特地方特色的木拱廊桥、旺楼古墓、古银洞遗址等人文景观于一体。

概述

白云山风景名胜区位于福建省福安市，总面积95平方公里，是以古冰川遗迹——冰臼为自然特色和以畲族风情为主要人文景观的特殊地貌类风景区。其中心位置的地理坐标为27° 08' N，119° 27' E。

2009年被国务院批准为国家级风景名胜区。

Mount Baiyun National Scenic and Historic Area is in Fuan City, Fujian Province, covering the area of 95 square kilometers. It belongs to the type of Specified Landforms. Its outstanding feature is Moulin landform formed by ancient glaciers integrated with cultural heritage of the She Nationality.Its central longitude and latitude is 27° 08' N and 119° 27' E.

It was established in 2009 with the approval of the State Council of China.

摄影／曾子群

白云山

Mount Baiyun

风·景 名胜区

摄影／王志凌

风景特点与资源价值

风景名胜区自然地质遗迹独特，类型多样，具有地质景观石臼、天象景观佛光及溪流湍急、奇石林立的龙亭峡谷和黄兰峡谷奇特景观，融合了浓郁的民族风情畲族村落和畲族文化。

湄洲岛 风·景名胜区

Meizhou Island

概述

湄洲岛风景名胜区位于湄洲湾口，总面积49.3平方公里，是以妈祖文化和海蚀地貌为主要景观的海滨海岛类风景区。其中心位置的地理坐标为25° 03' N，119° 06' E。

2009年"妈祖信俗"被列入世界非物质文化遗产名录。

2012年被国务院批准为国家级风景名胜区。

Meizhou Island National Scenic and Historic Area is in the mouth of Meizhou Bay, covering the area of 49.3 square kilometers. It belongs to the type of Seashores and Islands. Its outstanding features are seashore and island landforms integrated with unique Mazu culture. Its central longitude and latitude is 25° 03' N, 119° 06' E.

It was established in 2012 with the approval of the State Council of China.

风景特点

湄洲岛有"中华三大祭典"之一的妈祖信俗和优美绝伦的滨海风光，由妈祖诞生地天妃故里、妈祖祖庙、牛头尾沙滩、莲池沙滩、北埭沙滩等组成。

鹅尾神石园海蚀地貌景观突出，九宝澜黄金沙滩有"东方夏威夷"之称。

资源价值

妈祖文化是中国古代海洋文化的代表。

湄洲岛海蚀景观多样、岛屿众多、生物多样性丰富，对研究海洋生态环境、沿海地质构成、海平面变化和珍稀动植物品种有重要的科学意义，有极高的保健价值和游憩价值。

摄影／高亚成

灵通山

风·景
名胜区

Mount Lingtong

摄影／曾力强

概述

灵通山风景名胜区位于福建省漳州市，总面积32.32平方公里，是以火山峰丛地貌为主要景观的特殊地貌类风景区。

2012年被国务院批准为国家级风景名胜区。

Mount Lingtong National Scenic and Historic Area is in Zhangzhou City, Fujian Province, covering the area of 32.32 square kilometers. It belongs to the type of Specified Landforms. Its outstanding features are peak clusters formed by lava landform.

It was established in 2012 with the approval of the State Council of China.

风景特点与资源价值

灵通山火山岩是由白垩纪火山喷发而形成的石帽山群，是屹立在中国东南沿海最完整的火山立体模型，险峰、奇石、清泉、飘云构成了灵通山自然景观的四大特色。

宗教文化浓厚，摩崖石刻丰富，闽南传统习俗及客家美食极富特色。

飞流直下三千尺，
疑是银河落九天。

——唐·李白《望庐山瀑布》

江西省
Jiangxi Province

庐山风景名胜区
井冈山风景名胜区
三清山风景名胜区
龙虎山风景名胜区
仙女湖风景名胜区
三百山风景名胜区
梅岭—滕王阁风景名胜区
龟峰风景名胜区
高岭—瑶里风景名胜区
武功山风景名胜区
云居山—柘林湖风景名胜区
灵山风景名胜区
神农源风景名胜区
大茅山风景名胜区

Mount Lu National Scenic and Historic Area
Mount Jinggang National Scenic and Historic Area
Mount Sanqing National Scenic and Historic Area
Mount Longhu National Scenic and Historic Area
Xiannv Lake National Scenic and Historic Area
Mount Sanbai National Scenic and Historic Area
Mei Hill and Tengwang Pavilion National Scenic and Historic Area
Mount Guifeng National Scenic and Historic Area
Gao Hill and Yaoli National Scenic and Historic Area
Mount Wugong National Scenic and Historic Area
Mount Yunju and Zhelin Lake National Scenic and Historic Area
Mount Ling National Scenic and Historic Area
Shennongyuan National Scenic and Historic Area
Mount Damao National Scenic and Historic Area

摄影／桂金生

摄影/桂金生

庐山

风景名胜区

Mount Lu

概述

庐山风景名胜区位于江西省九江市，总面积330.42平方公里，是以秀美的山岳为主要景观的山岳类风景区。其中心位置的地理坐标为29° 25' N，115° 52' E。属亚热带季风气候区。

1982年被国务院批准为国家级风景名胜区。

1996年以“世界文化景观”列入联合国教科文组织的《世界遗产名录》。

Lushan National Scenic and Historic Area is in Jiujiang City, Jiangxi Province, covering the area of 330.42 square kilometers. It belongs to the type of Mountains. Its outstanding feature is outstanding mountain scenery. Its central longitude and latitude is 29° 25' N and 115° 52' E and the park belongs to subtropics monsoon climate region.

It was established in 1982 with the approval of the State Council of China and listed as the World Heritage site by UNESCO in 1996.

风景特点

世界遗产委员会评价：江西庐山，是中华文明的发祥地之一。庐山的历史遗迹以其独特的方式，融汇在具有突出价值的自然美之中，形成了具有极高美学价值、与中华民族精神和文化生活紧密相连的文化景观。

庐山海拔1474米，下临茫茫九派，上接冥冥苍穹，充满大山大水之气魄。庐山多系层层叠叠的砂页岩，因山体断块隆起，故似城垒；四壁陡峭奇险，峡谷中急流轰鸣，绝壁间飞流直泻，十分壮观；山顶则起伏和缓，植被丰茂，秀旷清凉，是环境幽美的避暑胜地。

庐山位居交通要道，几千年来吸引着无数文人墨客、高僧羽士和文官武将。“名山发佳兴”，兴之所发，诗文便就，这使庐山成为我国重要的山水文化发源地。庐山不仅有三叠泉、五老峰、锦绣谷、白鹿洞等自然景观，而且有大量渗透在山山水水之间历代文人名士的遗迹

及其山水名篇。

资源价值

庐山具有独特的第四纪冰川遗迹，是中国第四纪冰川学说的诞生地，地质构造复杂，形迹明显。

庐山风光以“奇、秀、险、雄”闻名于世，素有“匡庐奇秀甲天下”的美誉，全山共90多座山峰，最高峰为大汉阳峰，海拔1474米。群峰间散布有许多壑谷、岩洞、瀑布、溪涧，地形地貌复杂多样，形成了奇特瑰丽的山岳景观。

庐山是中国山水诗的摇篮，古往今来，无数文人墨客慕名登临庐山，留下4000余首诗词歌赋。晋代高僧慧远（334 ~ 416年）在山中建立东林寺，开创了佛教中的“净土宗”，使庐山成为中国封建时代重要的宗教圣地。庐山的白鹿洞书院，曾被誉为“海内书院第一”、“天下书院之首”，是中国古代教育和理学的中心学府，是我国宋代最高学府之一，与当时的睢阳、石鼓、岳麓书院齐名，合称“天下四大书院”。白鹿洞书院始建于唐代，宋代理学家、教育家朱熹为南康（今星子县）郡守时，重建院宇，在此亲自讲学，确定了书院的办学条规和宗旨，并奏请赐额及御书，吸引了海内外知名学者皆来此地讲学，名声大振，成为宋末至清初几百年“讲学式”书院的楷模，庐山因此成为当时我国的一个文化中心。朱熹在此提出的教育思想成为中国古代的准则，在世界教育史上也有重要影响。

庐山生物资源丰富，生态系统完整，属中亚热带常绿阔叶林带，蕴藏着丰富的生物种质资源，森林覆盖率达76.6%。随着海拔高度的增加，地表植被状况垂直分布，由山麓到山顶分别生长着常绿阔叶林、常绿及落叶阔叶混交林。庐山拥有高等植物近3000种，其中野生植物2155种，是一座天然的植物园。

摄影/方健

摄影/罗克恒

江西省 Jiangxi Province

井冈山 风景名胜区 (赣) Mount Jinggang

概述

井冈山风景名胜区位于江西省西南部，总面积333平方公里，是以革命人文景观为主要景观的纪念地类风景区。其中心位置的地理坐标为26° 34' N，114° 09' E。年均降雨量1865毫米，年均气温14.2摄氏度。

1982年被国务院批准为国家级风景名胜区。

Mount Jinggang National Scenic and Historic Area is in the southwest of Jiangxi Province, covering the area of 333 square kilometers. It belongs to the type of Memorial Places. Its outstanding feature is communism revolutionary heritage. Its central longitude and latitude is 26° 34' N and 114° 09' E. The average yearly precipitation of the park is 1865mm and the mean yearly temperature is 14.2 ℃.

It was established in 1982 with the approval of the State Council of China.

风景特点

井冈山风景名胜区是以革命人文景观为主体，自然风光与之相融合的山岳型风景名胜区，“红绿交相辉映”是它的主要特色。

新民主主义革命时期，毛泽东、朱德等老一辈革命家在这里建立了中国第一个农村革命根据地。反映井冈山斗争的大量历史遗迹，是井冈山风景区人文景观的基本内容。井冈山的自然景观非常优美，以海拔 842 米的茨坪盆地为中心，四周皆为海拔 1300 米以上的崇山峻岭，不少山上分布着亚热带原始森林。杜鹃山上的十里高山杜鹃、翡翠谷中的五瀑五潭、黄洋界上的云海、五指山上的野生动物等，是可与任何其他名山媲美的自然景观。

摄影／李德清

摄影／李德清

资源价值

井冈山地势西高东低，西南至东面走向。山体中上部亘连着数百座峰峦，大部分海拔在千米以上，最高峰为江西坳，海拔 1841 米。风景区内层峦叠嶂，群峰林立，逶迤纵横，雄伟磅礴。

地形地貌的主要特征为构造侵蚀性山地、构造剥蚀性丘陵、堆积河谷盆地和河成阶地。构造侵蚀性中低山主要集中在风景区中部偏西南地区，海拔多在1200米以上，一般切割显著，岩壁陡峭，山岭叠嶂，山势雄险。构造剥蚀性丘陵，主要分布在单斜坡的基部地带与盆谷接壤处，东北部的拿山至厦坪、东南部的黄坳、下七等地多数是这类丘陵，丘陵的相对高度在 50 ~ 80 米，坡度在 15 ~ 30 度之间。堆积河谷盆地和河成阶地，分布在侵蚀性中低山和丘陵之间。一级阶地距现河床约 3 ~ 5 米，二级阶地距现河床约 10 ~ 25 米。

井冈山地理环境优越，动植物资源丰富。据调查，分布的高等植物有 280 余科 800 余属 3400 余种和变种，其中井冈山特有植物 12 种。有两栖类动物 27 种（亚种）、爬行类 31 种（亚种）、鸟类 94 种（亚种）、兽类 42 种（亚种），共计有除鱼类以外的脊椎动物 194 种（亚种）。

井冈山是中国革命的摇篮，它被载入中国革命的光辉史册，保留了大量的革命旧址遗迹，成为进行革命传统教育和爱国主义教育的示范基地。

摄影／李德清

江西省 Jiangxi Province

Mount Sanqing

三清山

名胜区
风 · 景区

概述

三清山风景名胜区位于江西省上饶市，总面积756.6平方公里，是以花岗岩高山地貌和道教古建筑群为主要景观的山岳类风景区。其中心位置的地理坐标为28° 54' N，118° 03' E。年均降雨量2241.3毫米，年均气温17.2摄氏度。属亚热带季风气候区。

1988年被国务院批准为国家级风景名胜区。

2008年以“世界自然遗产”列入联合国教科文组织的《世界遗产名录》。

Mount Sanqingshan National Scenic and Historic Area is in Shangrao City, Jiangxi Province, covering the area of 756.6 square kilometers. It belongs to the type of Mountains. Its outstanding feature is granite mountain landform integrated with Taoism cultural heritage. Its central longitude and latitude is 28° 54' N and 118° 03' E. The average yearly precipitation of the park is 2241.3mm, and the mean yearly temperature is 17.2 ℃.

It was established in 1988 with the approval of the State Council of China and listed as the World Heritage site by UNESCO in 2008.

风景特点

三清山，因玉京、玉华和玉虚三峰鼎峙，犹如道教所尊的玉清、上清、太清三清列坐而得名。世界遗产委员会评价：三清山在一个相对较小的区域内展示了独特的花岗岩石柱与山峰，丰富的花岗岩造型石与多种植被、远近变化的景观形成震撼人心的奇观，创造了世界上独一无二的景观美学效果，呈现了引人入胜的自然美。

三清山东险、西奇、北秀、南绝，美在古朴自然，奇在形神兼备。仙灵众相，惟妙惟肖，遨游于清虚之境，出没于云雾之中，古为道家福地洞天。山上奇峰怪石不可胜数，珍树仙葩，

摄影/王晓峰

世所罕见。三清山历代宫观建筑与雄险奇秀的自然景观融为一体，钟灵毓秀，有“天下第一仙峰，世上无双福地”之誉。

资源价值

三清山山体平面呈荷叶形，由东南向西北倾斜。由于处在造山运动频繁而剧烈的地带，三清山断层密布，节理发育，山体不断抬升，又经长期风化侵蚀和重力的崩解作用，形成奇峰耸天、幽谷千仞的山岳绝景奇观。

在大地构造位置上，该区是华南唯一得到确认的青白口纪蛇绿混杂岩带，有全国少见的晋宁期蓝闪石片岩，是珍贵的对接带地质遗迹。花岗岩峰林地貌类型齐全，峰峦、峰墙、峰丛、峰柱、石芽等奇特的微地貌异常发育，峰林地貌组合典型完美，堪称天下峰林的橱窗。三清山峰林地貌处于幼年晚期至壮年早期，目前仍处在不断发展之中，是正在进行中的重要地质过程，对研究燕山晚期—喜马拉雅期构造运动和峰林形成过程意义重大。

三清山处在热带性植物与温带性植物、东洋界动物和古北界动物的过渡地带；生物多样性独具特色，是尚存的大量古老、特有和珍稀濒危物种的重要栖息地，是亚热带生物多样性保护的关键地区。三清山分布着世界同纬度带现存最完整、最典型、面积适宜的中亚热带原生性森林生态系统，尤其是保存了大面积的华东黄杉林和岩生矮曲林，是世界上罕见的森林生态系统，是代表生物演化过程以及人类与自然环境相互关系的突出例证。

三清山道教古建筑群在总体布局上构思奇妙，多样而又统一。古建筑在奇峰苍松环抱中按五行八卦式布局，如众星捧月，相互烘托，形成有机整体，开创了古建筑中罕见的独特风格。宫观府第与山水胜迹相得益彰，传统文化与自然风光融为一体，体现了人类崇尚自然、“天人合一”、回归自然的精神追求，构成了人和自然和谐共生的最富特色的例证。

摄影／周扬

摄影／郝正良

龙虎山风景区供图

龙虎山 Mount Longhu

风景名胜区

概述

龙虎山风景名胜区位于江西省鹰潭市，总面积220平方公里，是以丹霞地貌、古代悬棺群和中国道教祖庭的文化景观为主要景观的特殊地貌类风景区。其中心位置的地理坐标为28° 04' N，116° 59' E。

1988年被国务院批准为国家级风景名胜区。

2010年作为“中国丹霞”的重要组成部分以“世界自然遗产”列入联合国教科文组织的《世界遗产名录》。

Mount Longhu National Scenic and Historic Area is in Yingtan City, Jiangxi Province, covering the area of 220 square kilometers. It belongs to the type of Specified Landforms. Its outstanding feature is Danxia Landform integrated with groups of ancient hanging coffins and Taoism cultural heritage, such as Shangqing Temple. Its central longitude and latitude is 28° 04' N and 116° 59' E.

It was established in 1988 with the approval of the State Council of China and listed as the World Heritage site by UNESCO with an important part of “China Danxia” in 2010.

风景特点与资源价值

龙虎山原名云锦山。东汉中叶，第一代天师张道陵（张鲁的祖父）在此肇基炼九天神丹，“丹成而龙虎见，山因以名”。龙虎山突出的侵蚀残余峰丛、峰林、孤峰、残丘组合特征，表明这里属于老年早期疏散峰林宽谷型丹霞的代表。区内保留了难得的低海拔中亚热带常绿阔叶林，是重要的珍稀濒危物种重要的栖息地。悬崖洞窟中众多的古代悬棺群、中国道教祖庭的文化景观等巧妙结合，构成一幅多彩多姿的山水画卷。

仙女湖 风·景名胜区 Xiannv Lake

概述

仙女湖风景名胜区位于江西省新余市，总面积198平方公里，是以群岛曲水峡谷、亚林基因宝库、水下古城遗迹为主要景观的湖泊类风景区。其中心位置的地理坐标为27° 42' N，114° 43' E。

2002年被国务院批准为国家级风景名胜区。

Xiannv Lake National Scenic and Historic Area is in Xinyu City, Jiangxi Province, covering the area of 198 square kilometers. It belongs to the type of Lakes. Its outstanding feature is natural lake scenery integrated with islands, canyons and underwater heritage of ancient cities. Its central longitude and latitude is 27° 42' N and 114° 43' E.

It was established in 2002 with the approval of the State Council of China.

风景特点与资源价值

仙女湖风景名胜区，因东晋文学家干宝《搜神记》中"毛衣女"下凡豫章新喻县的神话传

摄影/周瑞生

说而得名。

仙女湖地区地质构造发育复杂，大断裂构造有几条，小断裂构造十几条，构成发育齐全的水系。地貌以丘陵为主，整体构成南北高、中间低平，东部扇形敞开，袁河横贯中部的鞍形地貌特征。区域制高点位于北部大岗山，主峰海拔 1091.8 米。全区地貌类型主要有：构造侵蚀低山地形、构造侵蚀高丘陵地形、构造侵蚀低丘陵地形、侵蚀剥蚀岗地地形、河流阶地地形、河流冲堆积平原地形等六种。

景区有丰富的人文景观资源。从新石器时代遗址，到中唐文学家、明代科学家，其遗址、建筑实物、著书为本区提供了丰富的人文景观资源和足资发掘的历史文化内涵，这些无不与湖光山色交相辉映。

区内植物种类繁多，植被茂密，森林覆盖率达 80%，有我国特有植物 18 个属；区内木本植物 1000 种，珍贵树种 200 余种，国家级保护植物 50 余种。另外，景区有很多起源古老的孑遗植物，从而成为同纬度林业种质资源的基因宝库。

景区野生动物资源丰富，其中不乏国家保护的珍稀动物黑鹿、穿山甲等，还吸引了大量候鸟等其他野生动物在此栖息繁衍，兽类 37 种，鸟类 39 种。

東江源

摄影/郑敏

Mount Sanbai

三百山 风·景名胜区

概述

三百山风景名胜区地处赣、粤、闽三省交界处，总面积137.6平方公里，是以火山构造地貌和客家“围屋”民居文化景观为主要景观的山岳类风景区。其中心位置的地理坐标为25° 00′ N，115° 14′ E。

2002年被国务院批准为国家级风景名胜区。

Mount Sanbai National Scenic and Historic Area covers the area of 137.6 square kilometers on the boundaries of Jiangxi, Guangdong and Fujian Province. It belongs to the type of Mountains. Its outstanding feature is vocanic tectonic landform and Hakka traditional buildings. Its central longitude and latitude is 25° 00′ N and 115° 14′ E.

It was established in 2002 with the approval of the State Council of China.

风景特点与资源价值

三百山，又名三伯山，是江西省安远县东南边境诸山峰的合称。东江、瀑布群、常绿阔叶林、良好的环境，堪称三百山“四绝”。

三百山地处武夷山南西坡余脉与南岭东北坡余脉交错带，由于同时受到多方向构造运动力的挤压，形成峭壁林立、飞瀑云集等千姿百态的地貌。

三百山客家民居“围屋”（又称“土围子”）是中华民族心态在建筑艺术中的典型反映，构成了奇特的客家民居文化景观。

摄影/郑敏

江西省 Jiangxi Province

梅岭—滕王阁 Mei Hill and Tengwang Pavilion

风景名胜区

赣

概述

梅岭—滕王阁风景名胜区位于江西省南昌市，总面积143.7平方公里，是以低山丘陵景观和滕王阁为主要景观的山岳类风景区。其中心位置的地理坐标为28° 45′ N，115° 45′ E，属亚热带季风气候区。

2004年被国务院批准为国家级风景名胜区。

Mei Hill and Tengwang Pavilion National Scenic and Historic Area is in Nanchang City, Jiangxi Province, covering the area of 143.7 square kilometers. It belongs to the type of Mountains. Its outstanding feature is hill scenery integrated with a famous cultural heritage site, the Tengwang Pavilion. Its central longitude and latitude is 28° 45′ N and 115° 45′ E. The park belongs to subtropics monsoon climate region.

It was established in 2004 with the approval of the State Council of China.

风景特点与资源价值

梅岭，原名飞鸿山，后因西汉梅福于此修道而得名。滕王阁，与湖北黄鹤楼、湖南岳阳楼为并称为“江南三大名楼”。

摄影/谭惠如

摄影/王晓园

江西省 Jiangxi Province

龟峰 风景名胜区 (赣) Mount Guifeng

概述

龟峰风景名胜区位于江西省上饶市，总面积136平方公里，是以融合了摩崖石刻和石窟的丹霞地貌为主要景观的特殊地貌类风景区。其中心位置的地理坐标为28° 19' N，117° 25' E。

2004年被国务院批准为国家级风景名胜区。

2010年作为“中国丹霞”的重要组成部分以“世界自然遗产”列入联合国教科文组织的《世界遗产名录》。

Mount Guifeng National Scenic and Historic Area is in Shangrao City, Jiangxi Province, covering the area of 136 square kilometers. It belongs to the type of Specified Landforms. Its outstanding feature is Danxia landform integrated with a great number of inscriptions on stones and grottos. Its central longitude and latitude is 28° 19' N and 117° 25' E.

It was established in 2004 with the approval of the State Council of China and listed as the World Heritage site by UNESCO with an important part of "China Danxia" in 2010.

风景特点

龟峰，因其“无山不龟，无石不龟”，且整个景区就像一只硕大无朋的昂首巨龟而得名。龟峰风景优美，属典型的丹霞地貌，素有“三十六峰七十二景”之说。它集自然精华、纳人文风采，聚天下名山之幽、奇、险、秀为

摄影／李忠军

一体，融五千年历史、宗教、民俗、养生文化于一炉，有“天下第一‘峰’景区”之美誉。

资源价值

龟峰丹霞地貌形成过程的阶段证据保存良好，不同类型的地貌形态特征和不同规模的地貌组合，集中展示并突出了壮年晚期—老年早期疏散型丹霞峰林的独特个性和演化历史。龟峰是壮年晚期丹霞峰林的典型代表，南岩是老年早期丹霞孤峰—丘陵的典范。地貌群体形态类型以峰丛峰林与孤峰残丘并存为特色，是疏散型丹霞峰林地貌的模式地。

龟峰保存了自唐以来的崖刻200余条，集中国书法之大成，字体有篆、隶、楷、行、草，大者有数米高，石刻刀法精湛，艺术风格各有千秋。南岩石窟开凿于宋代，依天然丹霞岩洞，附石壁雕成。岩内现仍有佛像40座，造像种类齐全，集佛像之精华，是我国最大的在自然洞窟中开凿的佛教石窟。象山书院为南宋时中国四大书院之一。叠山书院则由元代著名诗人谢叠山创办，依山而建，俯瞰信江，层层叠落，错落有致。

龟峰植物地理区属于泛北极植物区中国—日本森林植物亚区。丹霞沟谷、峰顶及崖麓等地段发育了典型的中亚热带低海拔常绿阔叶林，各类洞栖、树栖、地栖、水栖的野生动物资源非常丰富。龟峰的泸溪河和信江弋阳清湖段是濒危物种中华秋沙鸭的最大越冬栖息地。

高岭—瑶里

Gao Hill and Yaoli

风景名胜区

赣

概述

高岭—瑶里风景名胜区位于江西省景德镇市，总面积108.7平方公里，是以古陶文化和古朴的明清瑶里古镇为主要景观的民俗风情类风景区。其中心位置的地理坐标为29° 31' N，117° 37' E。

2005年被国务院批准为国家级风景名胜区。

Gaoling and Yaoli National Scenic and Historic Area is in Jingdezhen City, Jiangxi Province, covering the area of 108.7 square kilometers. It belongs to the type of Folkways. Its outstanding features are pottery culture and an ancient town,Yaoli, with a history from Ming and Qing Dynasty. Its central longitude and latitude is 29° 31' N and 117° 37' E.

It was established in 2005 with the approval of the State Council of China.

风景特点与资源价值

高岭—瑶里风景名胜区以古陶文化、群瀑幽谷、明清街坊为主要特色。风景名胜区地处黄山余脉，山峰横亘，有“九分山，三厘田，七厘路河和庄园”之说。

高岭是制瓷主要原料高岭土的故乡，是全世界最早大规模开采利用高岭土的地方。景区内发现了33处古窑址，是景德镇古窑址群保存最好的地区之一。

景区内动植物种类丰富，有裸子植物25种，被子植物623种，国家一级保护动物4种，二级保护动物19种。

摄影 / 吴建旺

摄影／彭学平

武功山 Mount Wugong

风景名胜区

赣

概述

武功山风景名胜区位于江西省萍乡市，总面积136.58平方公里，是融合了革命、宗教文化的花岗岩山岳景观的山岳类风景区。其中心位置的地理坐标为27° 30′ N，114° 13′ E，属亚热带季风气候区。

2005年被国务院批准为国家级风景名胜区。

Mount Wugong National Scenic and Historic Area is in Pingxiang City, Jiangxi Province, covering the area of 385 square kilometers. It belongs to the type of Mountains. Its outstanding feature is granite mountain scenery integrated with revolutionary sites. Its central longitude and latitude is 27° 30′ N and 114° 13′ E. The park belongs to subtropics monsoon climate region.

It was established in 2005 with the approval of the State Council of China.

风景特点与资源价值

武功山，自古与庐山、衡山并称为江南三大名山，以飞瀑流泉、奇松怪石、高山草甸、革命足迹、宗教文化为主要特色。

武功山历史悠久，文化源远流长。远自汉、晋起，被道佛两家择为修身养性之洞天福地。宋、明时香火到鼎盛时期，山南山北建有庵、堂、寺、观达30多处。明代大旅行家、地理学家徐霞客登临武功山后，留下了“千峰嵯峨碧玉簪，五岭堪比武功山”的千古绝句。武功山金顶的“江南祭坛群”，距今有1700多年的历史，被称为“华夏一绝”；九龙山九龙十八塔现存十座古塔，均系明代建筑；武功山还是第二次国内革命战争时期的“百里红色根据地”。

Mount Yunju and Zhelin Lake

云居山—柘林湖 风·景名胜区

概述

云居山—柘林湖风景名胜区位于江西省九江市，总面积495平方公里，是以佛教文化名山和亚洲最大的拦河土坝形成的人工湖风景为主要景观的山岳类、湖泊类风景区。其中心位置的地理坐标为29° 10' N，115° 22' E。

2005年被国务院批准为国家级风景名胜区。

Mount Yunju and Zhelin Lake National Scenic and Historic Area is in Jiujiang City, Jiangxi Province, covering the area of 495 square kilometers. It belongs to the type of Mountains and Lakes. Its outstanding feature is mountain scenery integrated with Buddhism heritage and lake scenery created by the biggest soil dam in Asia.Its central longitude and latitude is 29° 10' N and 115° 22' E.

It was established in 2005 with the approval of the State Council of China.

风景特点与资源价值

云居山自古就有“云居甲江右，名高四百州”之美誉，山顶“真如寺”是中国佛教曹洞宗发祥地，在佛教界具有重大影响。

景区以丘陵为主，最高峰海拔969.4米，动植物资源丰富。

云居山—柘林湖风景区供图

灵山 风景名胜区 Mount Ling

概述

灵山风景名胜区位于江西省上饶市，总面积101.5平方公里，是以花岗岩山岳景观和宗教景观为主要景观的山岳类风景区。其中心位置的地理坐标为28° 36' N，117° 47' E。

2009年被国务院批准为国家级风景名胜区。

Mount Ling National Scenic and Historic Area is in Shangrao city, Jiangxi Province, covering the area of 101.5 square kilometers. It belongs to the type of Mountains. Its outstanding feature is granite mountain landscape integrated with Taoism and Buddhism heritage. Its central longitude and latitude is 28° 36' N and 117° 47' E.

It was established in 2009 with the approval of the State Council of China.

风景特点与资源价值

景区风景资源丰富，动植物资源类型多样，具有60余种珍稀保护植物、壮观奇特的花岗岩地貌、独具特色的灵石梯田风光。

摄影/李土根

神农源 Shennongyuan

风景名胜区

概述

神农源风景名胜区位于江西省上饶市，总面积43.13平方公里，是以稻作文化遗迹和喀斯特地貌为主要景观的岩洞类风景名胜区。其中心位置的地理坐标为28° 42' N，117° 12' E。

2012年被国务院批准为国家级风景名胜区。

Shennongyuan National Scenic and Historic Area is in Shangrao City, Jiangxi Province, covering the area of 43.13 square kilometers. It belongs to the type of Caves. It is the birthplace of rice farming and its outstanding feature is karst cave landform. Its central longitude and latitude is 28° 42' N and 117° 12' E.

It was established in 2012 with the approval of the State Council of China.

风景特点与资源价值

神农源风景名胜区内万年仙人洞是我国较早发现的一处新石器时代遗址，有从旧石器末期到新石器时代早期完整而清晰的上下两层地层堆积，这为探讨人类如何从旧石器过渡到新石器提供了科学的资料，具有重要的科学价值和学术意义。

景区内神农宫的地下溶洞、地下河流是典型的喀斯特地貌。

摄影/邓勇

大茅山风景区供图

大茅山 风景名胜区 Mount Damao

概述

大茅山风景名胜区位于江西省德兴市，总面积143平方公里，是以峡谷潭瀑众多的花岗岩峰峦地貌为主要景观的山岳类风景名胜区。其中心位置的地理坐标为28° 41' N，117° 30' E。

2012年被国务院批准为国家级风景名胜区。

Mount Damao National Scenic and Historic Area is in Dexing City, Jiangxi Province, covering the area of 143 square kilometers. It belongs to the type of Mountains. Its outstanding features are granite mountain valleys and waterfalls integrated with revolutionary and religious culture. Its central longitude and latitude is 28° 41' N, 117° 30' E.

It was established in 2012 with the approval of the State Council of China.

风景特点与资源价值

大茅山风景名胜区具有典型的花岗岩峰峦微地貌，深山峡谷、泉潭瀑布密布，有江南九寨之称，具有极高的美学价值。

大茅山明朝时已经成为周边地区著名的佛教圣地，同时也是赣东北革命根据地的重要据点之一。

山东省
Shandong Province

泰山风景名胜区
崂山风景名胜区
胶东半岛海滨风景名胜区
博山风景名胜区
青州风景名胜区

Mount Tai National Scenic and Historic Area
Mount Lao National Scenic and Historic Area
Jiaodong Peninsula Seashore National Scenic and Historic Area
Mount Bo National Scenic and Historic Area
Qingzhou National Scenic and Historic Area

岱宗夫如何？齐鲁青未了。

——唐·杜甫《望岳》

山东省 Shandong Province

Mount Tai

泰山

风景名胜区

概述

泰山风景名胜区位于山东省泰安市，总面积426平方公里，是以融合了帝王封禅、宗教神话、碑刻艺术等中国传统文化元素的山岳景观为主要景观的历史圣地类风景区。其中心位置的地理坐标为36° 16′ N，117° 06′ E。

1982年被国务院批准为国家级风景名胜区。

1987年被联合国教科文组织列入《世界遗产名录》。

Taishan National Scenic and Historic Area is in Taian City, Shandong Province, covering the area of 426 square kilometers. It belongs to the type of Sacred Places. Its outstanding feature is mountain scenery integrated with worship ceremony of the ancient emperors, religious cultural heritage, and inscriptions. Its central longitude and latitude is 36° 16′ N and 117° 06′ E.

It was established in 1982 with the approval of the State Council of China and listed as the World Heritage site by UNESCO in 1987.

风景特点

泰山，又称岱宗，古称大山、太山、岱山、岱岳、泰岱、东神、东岳、东泰、东圣、泰岳等，名称之多，实为全国名山之冠。泰山是我国的“五岳”之首东岳，有“国山、五岳独尊、天下第一山”之美誉。雄伟壮观的泰山，数千年来，自然景观中融入了帝王封禅、宗教神话、书画意境、诗文渲染、工匠艺术以及科学家的探索等山水文化，构成了独特的泰山风景。其主景

摄影/于德全

泰山十八盘是泰山登山盘路中最险要的一段，共有石阶1827级，为泰山的主要标志之一。此处两山崖壁如削，陡峭的盘路镶嵌其中，远远望去，恰似天门云梯。泰山之雄伟，尽在十八盘，泰山之壮美，尽在攀登中！

摄影/王德全

区逐渐形成三重空间一条轴线的景观格局。三重空间：一是以岱庙为中心的人间闹市泰安城，它是封禅、游览、朝山进香的服务基地，是古代的旅游城；二是城西南蒿里山的“阴曹地府”；三是南天门以上的仙界天府。一条轴线是指连接这三重空间的景观带，主要是泰安城岱庙中轴线北延岱宗坊上至玉皇顶长达6300级的登道“天阶”。通过沿途三里一旗杆，五里一牌坊，一天门、中天门、南天门，构成一条“步步登天”雄伟壮丽的景观序列。

景区潜藏着秀丽的桃花峪，险峻的龙角山，奇特的天生桥，幽深的灵岩寺，奥秘的后石坞、天烛峪，高旷的岱顶等。

资源价值

泰山地势差异显著，地形起伏大，总体地势呈现北高南低、西高东低的特征，主峰玉皇顶海拔1545米，在不到10公里的水平距离内，与其山前平原相对高差达1300米以上。

泰山宗教发祥久远，佛教于4世纪中期传入泰山。351年高僧朗公首先到泰山岱阴创建了朗公寺和灵岩寺。魏晋南北朝时期，泰山较大的寺院有谷山玉皇寺、神宝寺、普照寺等。著名的泰山经石峪是北齐人所刻的佛教经典《金刚经》。泰山道教早在战国时就有方士隐居岱阴岩洞，秦汉后祠庙林立，保留至今的有岱庙、王母池、老君堂、斗母宫（龙泉观）、碧霞祠、后石坞庙、元始天尊庙等。

历代文化名人亦纷至泰山进行诗文著述，留下了数以千计的诗文刻石。天贶殿的宋代壁画、灵岩寺的宋代彩塑罗汉像是稀世珍品；泰山的石刻，现存有1696处，分为摩崖石刻和碑刻，集中国书法艺术之大成，有的是帝王亲笔题写，有的出自名流之手，是中国历代书法及石刻艺术的博览馆。

摄影/王德全

崂山 Mount Lao

名胜 风景区

概述

崂山风景名胜区位于山东省青岛市，总面积446平方公里，是以海滨花岗岩山岳景观为主要景观的山岳类风景区。其中心位置的地理坐标为36° 12' N，120° 33' E。年均降雨量1073.7毫米，年均气温12.6摄氏度。

1982年被国务院批准为国家级风景名胜区。

Mount Lao National Scenic and Historic Area is in Tsingdao City, Shandong Province, covering the area of 446 square kilometers. It belongs to the type of Mountains. Its outstanding feature is coastal granite mountain scenery. Its central longitude and latitude is 36° 12' N and 120° 33' E. The average yearly precipitation of the park is 1073.7mm, and the mean yearly temperature is 12.6 ℃.

It was established in 1982 with the approval of the State Council of China.

风景特点

崂山，古称“劳山”、“牢山”、“鳌山”、“大、小劳”、“二劳”等，海拔1133米，是中国18000公里海岸线上最高的山峰，有“海上第一名山”之称。崂山风景名胜区以山海奇观、千古名胜、滩湾浴场、海天山城协调融合为风景特点。山上奇峰异石，清泉回流，可观海上云气览光、壮丽日出，还存有140间明清

摄影／闫培森

摄影／闫培森

时建的宫观殿宇、名人诗文石刻等名胜古迹。太清宫北靠崂山顶，南向大海，周围有七峰环卫，环境优美，小气候优越，冬阻寒流，夏迎凉风，树常青，花常开，人常宜。

资源价值

崂山属胶东低山丘陵的一部分，位于中朝古陆胶辽地盾的南部，构造体系属新华夏系第二隆起代的构造部位。崂山是一座造型非常丰富的花岗岩山岳，是素以山、海、林、泉兼美著称的“仙山”，又是著名的道教名山。

崂山自古以来被誉为“神窟仙宅”、“灵异之府”，是道教发祥地之一，始于汉唐，宋元两代发展到鼎盛时期，历史上有“九宫八观七十二庵”之说。

特色主题

太清宫居崂山东南端，由宝珠山的七座山峰三面环抱。老君峰居中，左为桃园峰、望海峰、东华峰依次而东，右为重阳峰、蟠桃峰、王母峰依次而西。宫在峰下，大海当前。每个大殿都立有山门，并有便门甬道相通，房舍简朴、古拙，基本上承袭着宋代的建筑规模和特色。（摄影／闫培森）

崂山风景区供图

Jiaodong Peninsula Seashore

胶东半岛海滨

风景名胜区

山东省 Shandong Province

概述

胶东半岛海滨风景名胜区位于山东省东部，总面积82平方公里，是以蓬莱“仙境”、长岛等海滨景观和海市蜃楼为主要景观的海滨海岛类风景区。其中心位置的地理坐标为37° 54' N，120° 44' E。年均降雨量650毫米。

1988年被国务院批准为国家级风景名胜区。

Jiaodong Peninsula Seashore National Scenic and Historic Area is in the east of Shandong Province, covering the area of 82 square kilometers. It belongs to the type of Seashores and Islands. Its outstanding feature is the legends of Penglai fairyland, Chang Island and sea mirage. Its central longitude and latitude is 37° 54' N and 120° 44' E. The average yearly precipitation of the park is 650mm.

It was established in 1988 with the approval of the State Council of China.

风景特点

胶东半岛海滨风景名胜区以仙境文化、海洋文化和海滨风光为主要景观特色。

蓬莱仙境，指的是蓬莱海滨的丹崖山与海上庙岛、长岛等岛屿。从陆上看，丹崖山只是一缓缓隆起伸向大海的小山。可是，在海上，或两侧观看，丹崖山却是丹崖绝壁拔海而起的

摄影／宋举浦

峻山。蓬莱海面，春秋季节，当海面有冷水流时，空气中即形成不同密度的空气层，在晴天静风的条件下，在蓬莱海面上空会出现虚无缥缈的“海市蜃楼”奇观。

资源价值

蓬莱境内山岭岗丘绵延起伏，属低山丘陵地貌类型，地形复杂，地势南高北低，由东南向西北倾斜。南部为深山区，中部和北部为浅山丘陵区。山麓及河流中下游、滨海地区有小片平原（含少量洼地）。境内南部有艾山山脉和嵛山山脉，东南有磁山山脉，由此而派生的大小山丘绵延不绝，多为南北走向。境内最高山峰艾山，系蓬莱、栖霞两地界山。

胶东半岛海滨风景名胜区人文景观十分丰富。蓬莱以“海市蜃楼”驰名中外，蓬莱水城是国内保护完好的古代海军基地。水城西北丹崖山巅的蓬莱阁，面海凌空，气势雄伟，是神话里“八仙过海”的地方。蓬莱阁与黄鹤楼、岳阳楼、滕王阁并称为“中国四大名楼”。长岛有“海上仙岛”之称，威海刘公岛是我国著名的海上重镇，北洋水师曾在此建立基地。成山头是我国东部的“天涯海角”，地势险要，秦始皇两次登临，留有众多古迹，是历代著名的风景名胜地。

风景名胜区内野生动植物种类繁多，资源丰富。陆生动物中，哺乳、鸟、爬行、两栖等类动物，以兔、鼠、蝙蝠、麻雀、喜鹊、山雀、蛇、蜥蜴、青蛙、蟾蜍为多。陆生植物中，木本植物54科217种，草本植物300种。水生植物中，海水藻类59种。另外，有海水浮游生物27种，淡水浮游生物71种。

摄影／袁学恩

摄影／袁学恩

Mount Bo

博山

名胜区 风·景

山东省 Shandong Province

概述

博山风景名胜区位于山东省淄博市，总面积73平方公里，是以岩溶奇洞群和齐长城遗址为主要景观的山岳类风景区。其中心位置的地理坐标为36° 27' N，117° 47' E。

2002年被国务院批准为国家级风景名胜区。

Mount Bo National Scenic and Historic Area is in Zibo City, Shandong Province, covering the area of 73 square kilometers. It belongs to the type of Mountains. Its outstanding features are the karst caves and the Great Wall of Qi Dynasty. Its central longitude and latitude is 36° 27' N and 117° 47' E.

It was established in 2002 with the approval of the State Council of China.

摄影/李春国

青州

风景·名胜区

Qingzhou

概述

青州风景名胜区位于山东省青州市，总面积76.54平方公里，是以石灰岩山岳景观和山体巨佛、碑文石刻石窟等人文景观为主要景观的山岳类风景区。其中心位置的地理坐标为36° 41' N，118° 28' E。

2002年被国务院批准为国家级风景名胜区。

Qingzhou National Scenic and Historic Area is in Qingzhou City, Shandong Province, covering the area of 76.54 square kilometers. It belongs to the type of Mountains. Its outstanding feature is limestone mountain scenery integrated with grottos, inscriptions and a huge statue of Buddha. Its central longitude and latitude is 36° 41' N and 118° 28' E.

It was established in 2002 with the approval of the State Council of China.

风景特点与资源价值

青州风景名胜区以山岳自然景观为基础，以山体巨佛、石窟造像等人文景观为核心。区内云门山、驼山、玲珑山及昭阳洞顶部均岩石裸露，并形成多处天然洞穴，山腰多悬崖峭壁，有天然洞穴多处，山下谷地纵横，有长流溪水。

风景名胜区留下了历代建筑碑碣、题记和石窟造像等千余处，流传着丰富的民间故事、传说。驼山石崖造像为全国重点文物保护单位，玲珑山北魏郑道昭的书法石刻在海内外有一定的影响。劈山等山体构成的山体巨佛是在北周经人工在山体局部修凿而成，堪称中华奇观。

摄影/李大顺

月明直见嵩山雪，
洛阳陌上人行绝。

——唐·孟郊《洛桥晚望》

嵩山风景区供图

河南省 Henan Province

鸡公山风景名胜区
龙门石窟风景名胜区
嵩山风景名胜区
王屋山—云台山风景名胜区
石人山风景名胜区
林虑山风景名胜区
青天河风景名胜区
神农山风景名胜区
桐柏山—淮源风景名胜区
黄河风景名胜区

Mount Jigong National Scenic and Historic Area
Longmen Grottoes National Scenic and Historic Area
Mount Song National Scenic and Historic Area
Mount Wangwu and Mount Yuntai National Scenic and Historic Area
Mount Shiren National Scenic and Historic Area
Mount Linlv National Scenic and Historic Area
Qingtian River National Scenic and Historic Area
Mount Shennong National Scenic and Historic Area
Mount Tongbai and Huaiyuan National Scenic and Historic Area
Yellow River National Scenic and Historic Area

鸡公山

名胜区
风·景区

河南省 Henan Province

Mount Jigong

概述

鸡公山风景名胜区位于河南省信阳市，总面积27平方公里，是以花岗岩山岳景观为主要景观的山岳类风景区。其中心位置的地理坐标为31° 50' N，114° 05' E。

1982年被国务院批准为国家级风景名胜区。

Mount Jigong National Scenic and Historic Area is in Xinyang City, Henan Province, covering the area of 27 square kilometers. It belongs to the type of Mountains. It is one of the Four Summer Resorts in China and its outstanding feature is granite mountain secenary. Its central longitude and latitude is 31° 50' N and 114° 05' E.

It was established in 1982 with the approval of the State Council of China.

风景特点

鸡公山，因其整个山势宛如一只引颈啼鸣的雄鸡而得名。由于地质构造运动，形成了千姿百态的奇峰怪石，皆具怪、巧、奇、美的特点。鸡公山地当楚豫要冲，雄踞义阳“三关”之间，山下的武胜关是历史上的九大名关之一，历来为兵家必争之地，是著名的古战场。

资源价值

鸡公山岩体呈北西向展布，横跨河南、

摄影／杨杰

湖北两省，主要由似斑状中粒黑云母混合花岗岩组成。区内岩石主要为鸡公山混合花岗岩和灵山复式花岗岩基。

鸡公山是我国四大避暑胜地之一，历史上有 20 多个国家的传教士、富商巨贾和中国官僚军阀，建造起中西各式别墅 300 余幢，被誉为“世界建筑博览会”。

景区植被属中国北亚热带东部偏湿性常绿落叶阔叶林。植物资源丰富，共有植物 259 科 728 属 2061 种及变种；动物种类丰富，具有古北界与东洋界混合区系。

摄影／黄洋远

摄影｜宋举浦

龙门石窟

风景名胜区 · 豫

Longmen Grottoes

特色主题

香山因盛产香葛而得名。香山寺始建于北魏熙平元年（516年），唐垂拱三年（687年），印度来华高僧地婆诃罗（日照）葬于此，为安置其遗身重建佛寺。天授元年（690年），武则天在洛阳称帝，建立武周王朝，梁王武三思奏请，敕名"香山寺"，并重修该寺。（龙门石窟风景区供图）

概述

龙门石窟风景名胜区位于河南省洛阳市，总面积9.63平方公里，是以中国北魏晚期至唐代间的石窟为主要景观的壁画石窟类风景区。其中心位置的地理坐标为34° 33′ N，112° 28′ E。

1982年被国务院批准为国家级风景名胜区。

2000年被联合国教科文组织列入《世界遗产名录》。

Longmen Grottoes National Scenic and Historic Area is in Luoyang City, Henan Province, covering the area of 9.63 square kilometers. It belongs to the type of Grottos and Murals. Its

龙门石窟风景区供图

outstanding feature is one of the most exellent grottos in China. Its central longitude and latitude is 34° 33' N and 112° 28' E.

It was established in 1982 with the approval of the State Council of China and listed as the World Heritage site by UNESCO in 2000.

风景特点

龙门，古称“伊阙”，因“地处都城之南，古代帝王拟己为‘真龙天子’”而得名。景区以人文景观为主，结合自然景观，以佛教石窟为特色。龙门地区的石窟和佛龛代表了中国石刻艺术的最高峰。

资源价值

龙门风景区地质地貌为单斜构造，倾向北偏东，其地层由古生代的寒武纪（5 亿年前）、石炭纪（2 亿 7000 万年前）、二叠纪（2 亿 5000 万年前）和新生代的第四纪全新世（200 万年前）岩层构成，南边老、北边新。

龙门风景名胜区伊水西岸山势陡峭，自北魏始开凿佛教石刻，称“龙门石窟”，为我国四大石窟之一，南北长达 1 公里，现有窟龛 2100 多个，佛像 97000 余尊，碑刻题记 3600 余块，佛塔 40 多座，形成了举世闻名的石雕艺术宝库。奉先寺是龙门石窟中最大的一个窟，长宽各 30 余米。除此，还有宾阳中洞、古阳洞和药方洞等著名洞窟。

龙门地区植被在中国植被区划上属暖温带落叶阔叶林地带。东西山森林覆盖率为 55.68%。

龙门石窟风景区供图

嵩山 风·景名胜区 豫

Mount Song

河南省 Henan Province

概述

嵩山风景名胜区位于河南省登封市，总面积149.4平方公里，是以登封历史建筑群为主要景观的历史圣地类风景区。其中心位置的地理坐标为34° 28' N，113° 02' E。

1982年被国务院批准为国家级风景名胜区。

2010年风景名胜区内的古建筑群被联合国教科文组织列入《世界遗产名录》。

Mount Song National Scenic and Historic Area is in Dengfeng City, Henan Province, covering the area of 149.4 square kilometers.

摄影／祁泰森

It belongs to the type of Sacred Places. Its outstanding feature is groups of historical buildings. Its central longitude and latitude is 34° 28′ N and 113° 02′ E.

It was established in 1982 with the approval of the State Council of China and listed as the World Heritage site by UNESCO in 2010.

风景特点

嵩山是我国“五岳”之中岳，雄峙中原，群峰耸立，层峦叠嶂。嵩山风景名胜区是中国古代中原文明的荟萃之地，地处古都汴、洛之间，自古为文人荟萃之地，历代帝王将相、文人学士、高僧名道、拳豪义侠留下了大量名胜古迹。作为中岳，嵩山是核心之核心，是“中国”之中，也被认为是“世界之中”、“天地之中”。

资源价值

嵩山位于华北陆块南缘，由太室山和少室山组成，横卧中原，巍峨壮观，有 72 座山峰。海拔高度在 300 ~ 1512 米之间，记录着地球 26 亿多年漫长的地质演化史。

无论历史价值、艺术价值还是社会价值，嵩山礼制建筑群均是世界上无可替代的文化遗

摄影/郑泰森

河南省 Henan Province

产。嵩岳寺塔、少林寺建筑群、会善寺是各个历史阶段佛教在中国发展的纪念碑。作为教育建筑的嵩阳书院与众多著名历史人物的重要活动密切相关，是已经消失了的书院文化的载体，是嵩山作为儒家文化核心之地的长久凝聚力的见证。作为科技建筑的观星台是中国现存最古老的天文台，也是世界上现存最早的观测天象建筑之 ，在科技史、建筑史上具有独特的历史地位。嵩山历史建筑群连同其中的古代碑刻、壁画等类型的文物遗存是不可替代的文化遗产，是当今文化延续和发展的巨大财富。

景区属暖温带落叶阔叶林地带，植被的建群层片主要以松科松属和壳斗科栎属的种类为主。嵩山动物区系属于古北界华北区的黄淮平原亚区，其中国家一级重点保护动物有黑鹳，二级重点保护动物有大鲵。

特色主题

少林寺塔林，是一座宏伟的建筑群，既是研究我国建筑史、艺术史和宗教史的珍贵宝藏，又是国内外参观旅游者的游览胜地。位于河南省登封县少林寺西约250米处，为历代和尚的墓地，占地约21000多平方米。有唐以来历代古塔230余座，是国内最大的塔林，有砖、石和砖石混合结构的各类墓塔。

摄影／郑泰森

王屋山—云台山

风景名胜区

Mount Wangwu and Mount Yuntai

河南省 Henan Province

概述

王屋山—云台山风景名胜区位于河南省焦作市和济源市，总面积329.67平方公里，是以融合了“愚公移山”的历史传说和道教文化的山岳景观为主要景观的山岳类风景区。其中心位置的地理坐标为35° 12′ N，112° 44′ E。

1994年被国务院批准为国家级风景名胜区。

Mount Wangwu and Mount Yuntai National Scenic and Historic Area is in Jiaozuo City and Jiyuan City, Henan Province, covering the area of 329.67 square kilometers. It belongs to the type of Mountains. Its outstanding feature is mountain scenery integrated with the historical legend, the man who tried to move mountains, as well as Taoism culture. Its central longitude and latitude is 35° 12′ N and 112° 44′ E.

It was established in 1994 with the approval of the State Council of China.

风景特点

王屋山，因“山有三重其状如屋”而得名。云台山，因“山势险峻，主峰孤密秀矗，形似一口巨锅，兀覆在群峰之上，山间常年云雾缭绕”而得名。

王屋山主峰天坛顶海拔1715米，大有一峰擎天、万峰簇拥的雄伟气势，素有“太行之脊”的美誉。王屋山高崖巨壑，奇峰异洞，颇为神奇，被道教列为“天下第一洞天”。王屋山不仅雄奇，而且灵秀，拥有良好的森林植被和清澈的流泉。深秋时节，500里王屋山变成红色海洋，极为壮观。

云台山平地崛起，壁立苍穹，主峰茱萸峰海拔1308米，气势雄浑博人，充分显示出太行气派。云台山不仅峰峦雄奇，峡谷幽奥，更难得的是林泉之秀丽，从山麓的温盘谷，到深山的小寨沟、老潭沟，山水盘回，清泉环流，五步一潭，十步一瀑，喷珠漱玉，绚丽多姿，逆源而上，林密草茂，谷深瀑高，如入峰峦皆美、

摄影／晨浩

摄影／晨浩

王屋山风景区供图

水石动情的自然美小王国。老潭沟高达 300 米的大瀑布，是我国落差最高的瀑布。

资源价值

王屋山—云台山地区经过漫长复杂的地质构造活动，出露的地层除缺失古生界的部分地层外，其余各界系统地层都较齐全，其中太古界和下、中元古界的地层出露最广泛。断裂活动在空间上是以北西向和北东向断裂为主，时间上以燕山期断裂最发育，形态上大部分以高角度正断层为主，由于受山西高原的隆起抬升和华北平原的凹陷下降的直接影响，地区地质构造复杂、断裂活动频繁，形成了许多断裂隆起的山地，经受长期的风化剥蚀，形成了悬崖陡峻的群峰和山脊。这些众多的青山绿岭，不仅风景宜人，而且地势险要，自古以来就是河南省境内西北部的天然屏障和重要门户，历史上兵家必争的军事要地。

王屋山区在地势上是从北向南迅速降低受地质构造和岩性的控制，形成的群峰层峦叠嶂，天坛山（又称天台山，海拔高度为 1715 米）顶到王屋村（海拔高度约为 500 米）的水平距离只有 9 公里，而相对高差却为 1200 米，地形上起伏很大。王屋山地貌主要包括三个区：即剥蚀构造中低山区，剥蚀侵蚀丘陵岗地区，冲洪积倾斜平原区。

云台山从北部、西部山区向南部、东部平原呈阶梯式下降，层次分明。总的地势是北高南低、西高东低。最高处在云台山茱萸峰，海拔高度 1308 米，最低处在山前一带，海拔 142 米，绝对高差达 1100 余米。北部为中低山，其南为丘陵，最南部为平原区。北部山体总体为东西走向分布，坡向多向南，坡度多在 20 度以上。山地地形复杂，各山岭间为峡谷，山势陡峻，山谷切割较深，形成了裂谷背景下的峡谷群和长脊、长墙等以及由此而组合形成的各种奇特的地质地貌景观。同时，瀑布和水体的发育，构成了中国华北罕见的优美景观区。

王屋山历史文化悠久，相传轩辕黄帝曾登天峰顶祭天，禹封九山中亦有王屋山，寓言中的愚公移山故事也发生在此。唐代王屋山成为全国道教中心，号称道教"天下第一洞天"，山上有我国道教第一洞天王母洞。境内宫观林立，寺庙棋布，碑碣载道，遗址比比皆是。包括原城遗址、轵国故城、栗树沟仰韶文化遗址、五龙口水利设施、济渎庙、奉仙观、大明寺、关帝庙、延庆寺千佛舍利塔、沁河古栈道和阳台宫等。云台山有汉献帝陵墓及避暑台，魏晋"竹林七贤"隐居著述地——百家岩及其遗址嵇康淬剑池、刘令醒酒台以及孙登长啸台等。

景区植被为暖温带落叶阔叶林。区内共有高等植物 1760 种、7 亚种、140 变种及 4 栽培变种，

云台山风景区供图

分属 197 科 785 属，其中，国家二级保护植物有连香树、山白树和太行花；三级保护植物有狭叶瓶尔小草、青檀、领春木、核桃楸、紫斑牡丹、野大豆、黄檗、刺五加、水曲柳、蝟实和天麻。

区内的动物种类也十分丰富。共有脊椎动物 201 种，其中兽类 34 种、鸟类 140 多种、两栖动物 8 种、爬行动物 19 种。国家一级保护动物有金钱豹、斑羚（青羊）、水獭；国家二级保护动物有林麝和猕猴，这里是我国野生猕猴最北的分布地区；国家一级保护鸟类有白鹳、金雕、玉带海雕等 4 种，国家二级保护鸟类有大鵟、秃鹫、红隼、勺鸡、短耳鸮等 21 种；国家二级保护两栖动物有大鲵。

石人山

风景名胜区

Mount Shiren

河南省 Henan Province

摄影／张柳松

概述

石人山风景名胜区位于河南省平顶山市，总面积268平方公里，是以花岗岩地貌和象形山石为主要景观的山岳类风景区。其中心位置的地理坐标为33° 45′ N，112° 30′ E。

2002年被国务院批准为国家级风景名胜区。

Mount Shiren National Scenic and Historic Area is in Pingdingshan City, Henan Province, covering the area of 268 square kilometers. It belongs to the type of Mountains. Its outstanding features are granite landforms and strangely-shaped stones. Its central longitude and latitude is 33° 45′ N and 112° 30′ E.

It was established in 2002 with the approval of the State Council of China.

风景特点

石人山，古称尧山，因尧孙刘累为祭祖立尧祠而得名。石人山雄踞中原，既有北国山岳的雄伟峻拔，也不乏南方山水的

摄影 / 张柳松

钟灵毓秀。石人山具有“华山之险、峨眉之峻、张家界之美、黄山之秀”。景区峰奇石怪，尤以象形山石著称；瀑长涧深，九曲瀑涡旋相连；景区中的上汤、中汤、下汤等五大温泉群，水质好，水量大，利用前景广阔。

资源价值

石人山风景名胜区山体走向大体为东西向，玉皇庙沟、卧羊坪沟溪流大体向东，山体坡度大，独立山体多，悬崖绝壁比比皆是。

石人山历史悠久，人文景观壮丽多彩。刘姓宗祠，墨子故里，楚长城遗址，鲁阳公挥戈返日处，汉代萧何、韩信、张良三杰屯兵遗址，唐代大诗人元结墓，宋代抗金名将牛皋故里等众多的人文古迹散布于石人山的奇山秀水间，为自然山水增添了丰厚的文化意蕴。

概述

林虑山风景名胜区位于河南省林州市，总面积133.02平方公里，是以“太行北雄”风景地貌和“人工天河”红旗渠为主要景观的山岳类风景区。其中心位置的地理坐标为36° 01' N，113° 51' E。

2004年被国务院批准为国家级风景名胜区。

Mount Linlv National Scenic and Historic Area is in Linzhou City, Henan Province, covering the area of 133.02 square kilometers. It belongs to the type of Mountains. Its outstanding features are the Mout Taihang scenery and Red Flag Canal, known as a man-made river in the sky. Its central longitude and latitude is 36° 01' N and 113° 51' E.

It was established in 2004 with the approval of the State Council of China.

Mount Linlv

林虑山 风·景名胜区

豫

资源价值

林虑山风景名胜区内拥有红旗渠、洪谷山、千佛洞等天然景观和唐朝大缘禅师摩崖石塔和三尊真容支提龛铭碑等艺术精品。林虑山属于太行断块的东侧边缘，总的趋势为西北高，向东南逐渐倾斜。

林虑山风景区供图

林虑山风景区供图

青天河 Qingtian River

风景名胜区

豫

概述

青天河风景名胜区位于河南省焦作市，总面积92.5平方公里，是以南太行山风光和青天河峡谷风景为主要景观的江河类风景区。其中心位置的地理坐标为35° 12' N，113° 05' E。年均降雨量875.9毫米。

2005年被国务院批准为国家级风景名胜区。

Qingtian River National Scenic and Historic Area is in Jiaozuo City, Henan Province, covering the area of 92.5 square kilometers. It belongs to the type of Rivers. Its outstanding features are the Mount Taihang scenery and Qingtian River canyon. Its central longitude and latitude is 35° 12' N and 113° 05' E. Its average yearly precipitation is 875.9mm.

It was established in 2005 with the approval of the State Council of China.

风景特点与资源价值

青天河风景名胜区大部分由山地组成，具有山势陡峻、多深沟峡谷之特点。植物种类繁多，植被覆盖率95%；动物种类丰富，约有百余种。

景区历史文化悠久。区内有古战场和晋豫交通要塞，史称“太行八陉”之一，有全国重点文物保护单位北魏摩崖石刻和隋代大业年间的摩崖造像。月山寺建于金正隆三年，与少林寺齐名，中华三大拳之一的“八极拳”发祥于此。建于唐朝贞观二年的豫北最大道观火炬观，乃唐太宗感谢孙思邈治病之功下诏赐建。

景区以优美雄奇的山水风光为依托，是以生态旅游、文化旅游为主要功能的国家级风景名胜区。

青天河风景区供图

Mount Shennong

神农山 风景名胜区

摄影/徐永健

概述

神农山风景名胜区位于河南省沁阳市，总面积102平方公里，是以融合了神农文化的山岭自然风光为主要景观的山岳类风景区。其中心位置的地理坐标为35° 12' N，112° 48' E。

2005年被国务院批准为国家级风景名胜区。

Mount Shennong National Scenic and Historic Area is in Biyang City, Henan Province, covering the area of 102 square kilometers. It belongs to the type of Mountains. Its outstanding feature is mountain scenery integrated with cultural heritage of Shennong, a legendary emperor in China. Its central longitude and latitude is 35° 12' N and 112° 48' E.

It was established in 2005 with the approval of the State Council of China.

风景特点与资源价值

神农山，因“相传是炎帝神农辨五谷、尝百草、设坛祭天的地方”又名神农坛，西与济源王屋山的轩辕坛并称炎黄二坛，东与云台山茱萸峰并称小北顶，南与武当山遥相呼应，系道教朝拜圣地。神农山是中原文化的一部分，有仰韶、龙山、夏商文化遗址，是中原黄河文明的缩影。

神农山地貌复杂，地势壮观，山川峻秀，景色万千，总体地貌自北而南依次表现为中低山、丘陵和山前冲洪积缓倾斜平原，各种地貌的相辅相成，共同构成了大山、大河、大平原的壮丽景观。同时，也展现出中国华北地区古生代陆地表面的古海洋环境和地理环境。

摄影 / 刘军

Mount Tongbai and Huaiyuan

桐柏山—淮源 风景名胜区

概述

桐柏山—淮源风景名胜区位于河南省南阳市，总面积108平方公里，是以山岳风光和淮源盘古文化为主要景观的山岳类风景区。其中心位置的地理坐标为32° 22' N，113° 22' E。

2009年被国务院批准为国家级风景名胜区。

Mount Tongbai and Huaiyuan National Scenic and Historic Area is in Nanyang City, Henan Province, covering the area of 108 square kilometers. It belongs to the type of Mountains. Its outstanding features are mountain scenery and cultural heritage of Pan Gu, creator of the universe in Chinese mythology. Its central longitude and latitude is 32° 22' N and 113° 22' E.

It was established in 2009 with the approval of the State Council of China.

风景特点

桐柏山，是千里淮河的发源地，气候条件独特，自然和人文资源丰富，是我国壮丽河山的代表。淮河被华夏儿女尊为“风水河”，与黄河、长江、济水并称为我国古代的“四渎”。

资源价值

淮源文化源远流长，“秦并天下，始建淮祠”，自此历代帝王亲自或遣臣来此祈福祭淮。佛道文化饮誉海内外，全国佛教五大宗派之临济宗白云系祖庭，云台禅寺素有“南普陀，北云台”之盛誉；“淦台观”为全国五大道观之一，张良、鬼谷子曾在此隐居辟谷。《西游记》文化引人入胜，是吴承恩惊世名著灵感源泉创作基地。盘古文化博大精深，是中华神话故事中心，“盘古开天地，骨节为山林，血为淮渎，毛发为草木”。红色文化跌宕起伏，是中共中央中原局、中原军区、三军会师旧址。

Yellow River

黄河 风·景名胜区

概述

黄河风景名胜区位于河南省郑州市西北，总面积20平方公里，是以黄河自然风光及其周边历史文化遗迹为主要景观的江河类风景区。属温带大陆性气候区。

2009年被国务院批准为国家级风景名胜区。

Yellow River National Scenic and Historic Area is in northwest of Zhengzhou City, Henan Province, covering the area of 20 square kilometers. It belongs to the type of Rivers. Its outstanding feature is the amazing grandeur of the Yellow River and nearby historical heritage sites. The park belongs to temperate continental climate region.

It was established in 2009 with the approval of the State Council of China.

风景特点与资源价值

风景名胜区自然环境优美，地质结构独特，人文资源深厚，是黄土高原的终点，黄河中下游的分界线。区内有炎黄二帝巨塑、楚河汉界、黄河第一铁路桥等百余处景点。

摄影／郑泰森

图书在版编目（CIP）数据

风景名胜区 / 住房和城乡建设部风景名胜区管理办公室编著 . — 北京：中国建筑工业出版社，2013.5
ISBN 978-7-112-15320-6

Ⅰ . ①风… Ⅱ . ①住… Ⅲ . ①风景名胜区—介绍—中国 Ⅳ . ① K928.70

中国版本图书馆 CIP 数据核字 (2013) 第 068876 号

责任编辑：郑淮兵　张幼平
责任校对：姜小莲　陈晶晶

风景名胜区
住房和城乡建设部风景名胜区管理办公室　编著
*
中国建筑工业出版社出版、发行（北京西郊百万庄）
各地新华书店、建筑书店经销
北京清大卓筑文化传播有限公司制版
北京方嘉彩色印刷有限责任公司印刷
*
开本：965×1270 毫米　印张：36¼　字数：500 千字
2013 年 5 月第一版　2013 年 5 月第一次印刷
定价：380.00 元（上、下册）
ISBN 978-7-112-15320-6
(23417)